LA

Belgique et Paris

SOUVENIRS

DE

QUATRE EXCURSIONS SCOLAIRES

FAITES AVEC DES ÉLÈVES DE L'ÉCOLE MOYENNE DE LIÉGE
EN 1878, 1882, 1886, 1887

CAMILLE BREYRE

PROFESSEUR

LIÉGE
H. DESSAIN, IMPRIMEUR-ÉDITEUR
RUE TRAPPÉ, N° 7

LA
Belgique et Paris

SOUVENIRS

DE

QUATRE EXCURSIONS SCOLAIRES

FAITES AVEC DES ÉLÈVES DE L'ÉCOLE MOYENNE DE LIÉGE

EN 1878, 1882, 1886, 1887

CAMILLE BREYRE

PROFESSEUR

LIÉGE
H. DESSAIN, IMPRIMEUR-ÉDITEUR,
RUE TRAPPÉ, N° 7

1888

PRÉFACE.

A *Ville de Liège a depuis 1878 remplacé la distribution des prix dans son école moyenne de garçons par une excursion scolaire qui dure une huitaine de jours.*

Les élèves qui obtiennent à la fin de la 3ᵐᵉ année d'études de prendre part à ce beau voyage, digne couronnement de leurs efforts, sont tenus d'en fournir une relation à l'Administration Communale.

Les huit premières années, on a fait un tour de Belgique. En 1886 et 1887, on a visité Paris et Versailles.

Ayant pu constater la valeur de ce moyen de récompense que l'on pourrait étendre, nous publions quatre modestes comptes-rendus d'excursions faites dans ces conditions, en 1878, 1882, 1886 et 1887.

Ces relations sincères, écrites sans prétention, pourront éclairer les Administrations désireuses d'adopter ce mode de récompense, et former une sorte de guide pour les personnes qui veulent voyager avec fruit.

Nous serions heureux si quelques exemplaires de notre ouvrage étaient donnés en prix aux élèves les plus méritants.

Iʳᵉ Excursion en Belgique.

1878

AYANT été chargé d'accompagner les élèves de l'Ecole moyenne de Liège, de les diriger dans leur visite aux principales villes de la Belgique, je veux conserver le souvenir de ce voyage agréable, c'est pour cela que j'en entreprends la relation.

Notre but était d'atteindre successivement Bruxelles, Anvers, Gand, Bruges, Ostende, La Louvière et Namur; de visiter dans chacune de ces localités certains monuments ou établissements indiqués. A partir de Namur, notre itinéraire était laissé à notre initiative; il devait être plutôt fixé par les ressources financières. On verra plus loin comment nous avons employé nos derniers jours.

Nous nous étions munis d'une lettre de recommandation aux bourgmestres de toutes les villes que nous devions traverser ; nous avons fait peu d'usage de cette pièce, craignant les lenteurs que le visa nous aurait certes occasionnées.

En revanche les lettres personnelles dont nous étions porteur et qui nous avaient été données par M. Devos, notre collègue et ami, ont reçu partout le meilleur accueil. C'est bien le moins que nous lui en témoignions ici notre reconnaissance.

D'ailleurs, si nous avons fait peu d'usage de la pièce officielle, nous portions avec nous une clef mystérieuse à laquelle ne résiste nulle porte : notre bourse était assez bien garnie, et nous avons pu juger *de visu* de l'effet de cette puissance du monde.

Le lieu de réunion était la station des Guillemins ; le jour et l'heure du départ, le lundi 19 août, 7 h. 3o du matin.

Chacun de nos petits touristes était au poste le sac en main ou la valise au côté. La figure était plus réfléchie que joyeuse. Ces élèves sentaient la valeur de l'instruction. Ils comprenaient que ce voyage leur serait plus utile qu'agréable, si on peut toutefois établir cette distinction, car acquérir une nouvelle connaissance est toujours une chose agréable.

Ce calme ne s'est pas démenti durant les huit jours qu'a duré l'excursion. Ils ont ri à l'occasion, et je leur en ai donné l'exemple. Mais ce rire n'avait rien de désordonné et faisait bientôt place aux réflexions sérieuses. Partout ces six élèves se sont conduits en jeunes gens bien élevés, et j'ai pu leur dire en les quittant que j'avais été content, fier d'eux.

Chaque soir ils écrivaient à leurs parents. Il y avait deux grands avantages à cette mesure : les parents étaient jour par jour informés de la santé de leurs enfants ; les enfants trouveraient à la fin de leur voyage un aide-mémoire pour rédiger leur rapport et n'oublier aucune particularité.

Nous suivrons le même ordre dans cette relation.

Ier Jour.

DÉPART DE LIÉGE. PASSAGE A LOUVAIN.
ARRIVÉE A BRUXELLES.

Nous avons dit l'heure du départ. Bientôt nous sommes transportés au milieu des riches plaines de la Hesbaye. Notre projet de voyage ne mentionnait pas de descente à Louvain, et nous pouvions nous contenter de le voir du haut du chemin de fer, un peu moins bien que Tirlemont ou Waremme. Mais pour qui connaît l'hôtel de ville, comment résister au plaisir de le montrer, de montrer cette châsse brillante? Nous perdions moins d'une heure et je dois dire que nos élèves n'ont point marchandé leur admiration à ce bijou d'architecture. On sait d'ailleurs que les 6 élèves comprenaient dans leurs rangs deux élèves d'académie.

L'Eglise St-Pierre était trop près de nous pour n'y point jeter un coup d'œil. Les élèves en ont admiré la grandeur; ils ont été surpris de la présence de certain jubé fermant presque le chœur, mais ils devaient retrouver souvent cette disposition. La chaire leur a beaucoup plu. Elle représente la conversion de saint Paul. Le fini des détails est en effet remarquable.

Peu d'instants après, nous étions emportés vers Bruxelles par un train direct. Nous nous assurons d'un hôtel, et nous dînons. A une heure, nous commençons nos pérégrinations. Nous allons d'abord à pied pour prendre une idée de l'aspect général de la ville. Comme nous sommes logés dans la rue du Midi, nous voyons successivement la place Rouppe, le boulevard du Midi, la place de la Constitution, la gare du Midi, l'hospice des Aveugles, le Musée de la Porte de Hal que nous devions visiter le lendemain, l'hospice Pachéco, les palais Ducal et Royal, enfin le Parc et la rue de la Loi.

Nous avions hâte d'arriver là, parce que je tenais beaucoup à faire assister nos élèves à une séance du Sénat qui siégeait en ce moment. Nous sommes introduits, non sans quelque peine. Nous entendons une discussion un peu obscure peut-être, mais à la forme courtoise. La salle où siège le Sénat est toute fraîche et brillante d'or et de parure. Les sections où l'on nous a promenés, ne doivent rien à la salle principale. Le pavé et les lambris sont en marbre blanc, les portes en acajou massif : vrai et bon luxe auquel je pardonne, quant à moi.

Du Sénat nous allons à la Chambre, beaucoup plus modestement meublée (1). Simple basane sur les sièges, d'où le terme bien connu « *basane parlementaire.* » Les portraits des présidents depuis Surlet jusqu'à M. Thibaut occupent toute une grande salle et rappellent bien des souvenirs.

Au sortir du Palais de la Nation, comme les musées étaient fermés, nous allons au bois de la Cambre en repassant devant la fontaine de Brouckère, monument assez réussi.

La belle avenue qui conduit au bois ne dit rien des merveilles de ce petit Bois de Boulogne. Les arbres sont trop jeunes encore, mais attendez dix ans, et cette avenue sera un boulevard magnifique.

En revanche, le bois est admirable et me ferait bien renoncer à l'idée que je caressais de montrer Spa à mes élèves. Ici l'art a aidé la nature, mais il s'est inspiré de ses goûts et ne l'a point défigurée. Quelles routes magnifiques ! quels points de vue admirables ! et ces pelouses à perte de vue, enfin ce lac avec son île ! J'ai eu

---

(1) Cette partie du palais a été incendiée en 1883.

le regret de devoir refuser à mes jeunes gens de faire un tour du lac. C'était excès de prudence peut-être, mais les parents, j'en suis certain, ne m'en voudront point.

Il était tard déjà quand nous rentrâmes en ville ; le passage St-Hubert était éclairé et animé. Nous bornâmes là nos reconnaissances pour ce jour.

2ème Jour.

BRUXELLES.

Boulevards industriels. Halles centrales. Ste Catherine. La Bourse. L'Hôtel de ville. Ste Gudule. La Colonne du Congrès. Les musées de Peinture, de Sculpture et d'Histoire naturelle. Le musée d'Antiquités, le musée Wiertz. Le Jardin Botanique. La place des Martyrs.

Il nous restait beaucoup de choses à voir dans Bruxelles. Aussi étions-nous en route dès 7 heures du matin. Nous faisons le tour des boulevards utiles, j'entends ceux qui vont de la gare du Midi à celle du Nord en passant par la station de l'Allée-Verte. Nous voyons le canal, le bassin ou plutôt les bassins. Nos élèves sont émerveillés de la grandeur des bateaux. Que diront-ils à Anvers ? Nous voyons une caserne bien gaie : ce n'est point l'habitude, on peut donc noter celle du Petit-Château.

Nous arrivons aux Halles centrales, nous en faisons le tour, nous assistons à la criée des pois-

sons. Des centaines de soles, d'énormes cabil-
lauds passent sous nos yeux.

L'église Ste Catherine toute neuve avait été
remarquée. Nous y jetons un coup d'œil. Bien
éclairée à l'intérieur, légère et hardie à l'extérieur,
on se demanderait bien comment elle se soutient.
Les arceaux sont comme des bras de femme. Les
églises neuves ont cela pour elles qu'elles offrent
à l'œil une remarquable unité. Nous en avons vu
une à Gand (Ste Anne) encore inachevée, qui
nous a beaucoup plu pour cette même raison.

Nous sommes à deux pas de la Nouvelle
Bourse. La décoration extérieure est un peu lu-
brique, mais la salle intérieure est de la plus superbe ordonnance. Ses colonnes en stuc font
l'effet du marbre. On dit que le soir quand 3500
becs de gaz (*qui s'allument au moyen de l'électri-
cité*) projettent leur lumière sur la salle, l'effet
est plus féerique encore. Et les plantes, les palmiers, les fougères qui la décorent aux jours de
fête ! Comme cela doit bien faire ressortir l'aspect
grandiose du monument. Le pavé est une mo-
saïque aux diverses couleurs. Ce sont de petits
morceaux de marbre réunis dans du ciment
Portland. Les tapis sont, je vous assure, parfaitement inutiles.

Nous voici à l'Hôtel de ville. Nous lui trou-
vons de la ressemblance avec celui de Louvain.
Nous avions aperçu plusieurs fois la tour, et

nous ne nous lassions pas de l'admirer.

L'intérieur nous ménageait d'autres surprises. Après que nous eûmes vu quelques bons tableaux historiques, des portraits des rois espagnols où l'on reconnaît à première vue la parenté, l'air maladif, on nous montre la Salle du Conseil et son plafond peint par Rubens. Quelle vigueur de pinceau! que les figures sont belles et vivantes! Qu'on me pardonne de citer ici un détail que notre guide nous a fait remarquer. C'est que le même ange qui tient en mains deux trompettes semble vous suivre dans tous les coins de la salle. Un autre personnage paraît tantôt complètement couché, tantôt à demi renversé, enfin assis, selon que vous faites cinq ou six pas vers la porte d'entrée. Que ce soient là des jeux d'artistes, il se peut. Mais combien ces personnages sortent réels du plafond ! Ailleurs il faut chercher les formes. Ici elles s'imposent.

Des vues du vieux Bruxelles nous amènent à la Salle Gothique. Quelle belle salle toute lambrissée de vieux chêne, sculptée dans le goût de l'Hôtel de ville! Quel aspect mâle, simple, sévère et riche à la fois ! La Salle des mariages est belle encore, beaucoup plus simple cependant. Avant de descendre, nous avons vu la couronne offerte à la Reine à l'occasion du XXVe anniversaire de son mariage et de son entrée en Belgique. Il y avait aussi un voile en dentelle, qualifié dans les journaux du nom de *traîne*. Permettez que je ne juge ni les diamants, ni le point d'Alençon. Ces choses échappent, comme beaucoup d'autres, à ma compétence.

Nous n'avons point vu Ste-Gudule d'une manière aussi parfaite. Nous avons admiré l'extérieur à notre aise, mais comme il y avait office, nous n'avons vu à l'intérieur que les vitraux, la chaire qui nous a paru admirable, et les tapisseries étalées dans le chœur. Ces tapisseries sont de vrais tableaux. Elles datent peut-être de trois cents ans, et on les dirait faites d'hier. Où prenaient-ils donc leurs couleurs, nos pères ? Je ne sais plus dans quel hôtel de ville, nous avons vu des tapisseries récentes à côté des anciennes. Eh bien, on aurait pris le change. Les récentes nous paraissaient vieilles, et les vieilles, d'une remarquable fraîcheur.

De la Collégiale, nous sommes allés nous hisser sur la colonne du Congrès. Des jumelles fortes que nous avions apportées, ont été utilisées ici. Nous avons vu parfaitement le panorama de Bruxelles et de ses faubourgs. Les toits rouges dominent. C'est peut-être plus gai, c'est moins beau, moins noble que Liège, Namur et Dinant avec leurs toits d'ardoise. Anvers offre la même vue que Bruxelles, moins le relief du terrain. Il y ajoute son fleuve magnifique ; Gand, ses jardins nombreux.

Certaine photographie représente la colonne du Congrès gardée par six lions. Or nous n'en avons vu que deux. Les autres s'étaient-ils enfuis? Puis croyez à la fidélité.... à la véracité de la *photographie !*

Nous enfilons au pas de course la rue Royale et nous arrivons au Musée de peinture. On y a ajouté une salle et même trois pour représenter l'école moderne. Il va sans dire qu'on n'a point choisi *les plus mauvaises toiles*. J'ai vu avec plaisir que nos élèves ne recherchaient point curieusement ce qui peut corrompre, mais se détournaient plutôt. J'avais déjà remarqué cela à la Bourse. Peut-être que les plus voluptueux tableaux étaient allés à l'Exposition de Paris. En revanche, ils couraient aux belles œuvres. Nous sommes restés longtemps dans la salle des Rubens. Les paysagistes ne seraient pas contents, s'ils savaient le peu de cas que l'on a fait de leurs œuvres.

La sculpture est représentée par quelques beaux marbres. L'*Ange déchu* de Jos. Geefs ressemble à s'y méprendre à l'*Homme tombé* qui occupe le derrière de la Chaire de Saint-Paul. Seulement l'Ange ne témoigne aucun repentir. Les deux œuvres sont du même auteur, et il aura pris le même modèle.

Le musée d'histoire naturelle est d'une richesse extrême : nous serions restés en admiration devant tous ces animaux empaillés, si nous n'avions pas eu l'espoir de les retrouver vivants à Anvers.

D'ailleurs la nature réclamait ses droits : il était temps d'aller dîner. Nous expédions cette besogne vulgaire au plus vite, et à deux heures nous recommençons nos explorations par la Porte de Hal. Je ne m'attendais pas, je l'avoue, à me plaire au milieu de ces antiquailles. Ainsi je les appelais avant de les avoir vues. J'en parle maintenant avec plus de respect. Ces vieilles armes, ces vieux meubles, ces œuvres de génie ou de patience sont bien intéressantes et il faut vraiment nous en arracher.

Vite en voiture pour le Musée Wiertz. Il y a de tout dans ce peintre : de la force et de la grâce, du travail, du génie. Par suite de cette dernière qualité, sa muse est chaste même en peignant des nudités. Quelles belles figures il choisit ou il crée ! Et toutes différentes. Le Christ et l'Adam de Van Eyck sont du même type. Point de cette pénurie dans Wiertz. Il y a là une Sainte-Famille digne de Rubens.

Par le tram, nous voici à la porte de Schaerbeek. Nous remettons nos lettres de recommandation aux Messieurs du Jardin. On nous montre bien des choses intéressantes. Nous avons vu et touché la vanille, le coton, le phormium tenax, le riz, la belladone ; nous avons goûté du piment, et d'une sorte de cresson du Brésil qui provoque une salive abondante. Puis est venue la visite des herbiers de la terre entière, celle des palmiers en serre, et celle du jardin lui-même.

Après une petite halte au monument de la place des Martyrs et devant le théâtre et les cafés de la place de la Monnaie, nous rentrons bien fatigués, et satisfaits cependant. Nous avions vu tout ce que nous devions voir, sauf le nouveau palais de justice dont nous avions pu juger les proportions immenses de divers côtés, à travers les mailles de l'échafaudage qui l'entoure encore.

3ème Journée.

ANVERS.

Jardin Zoologique. Port. Marché aux poissons. Musée Plantin. Cathédrale. St-Jacques. Le Musée. L'Hôtel de ville. La Tour de Notre-Dame. Le Port.

Sachant combien ce que nous devions voir à Anvers pouvait nous demander de temps, nous y étions dès 7 h. 15 du matin.

Nous commençons par le Jardin Zoologique qui réalise l'idée que nous nous en étions faite d'après les relations. Les éléphants nous parurent monstrueux à côté des dépouilles montrées à Bruxelles. Les lions en cage font encore peur. Parlerai-je des phoques, des cerfs, des bœufs grognants ? J'aurais trop à en dire. Suffit qu'une vente d'animaux était annoncée et que cette vente aurait peuplé plusieurs jardins comme celui de Liège. Cependant, ce n'est là que le superflu d'Anvers.

A la sortie du Jardin, nous courons à l'Escaut. Un immense vapeur « *Le baron Osy* » était en chargement. Il fallait lui voir engouffrer au moyen d'une grue mue par sa machine, les tonnes de fruits, de clous, de fromage de Hollande, et de *genièvre*, hélas ! Le soir en visitant le port, un douanier nous montra un immense trois-mâts prêt à partir pour les Antilles. Son chargement principal était encore le *genièvre*. Et comme si tout devait confirmer cette triste vérité, à La Louvière, dans l'établissement de M. Houtart, le plus grand nombre des ouvriers verriers étaient occupés à souffler des dames-jeannes pour l'exportation du *genièvre ! !*

Le marché aux Poissons ne nous arrêta pas longtemps. Nous avions vu mieux à Bruxelles. Nous nous arrêtâmes longtemps au contraire au Musée Plantin que nous avions eu assez de peine à trouver. On sait que la maison et l'atelier sont dans le même état qu'au seizième siècle. Nous avons vu le fauteuil et le pupitre de Juste-Lipse. Il ne pouvait guère s'y prélasser, tant ils nous paraissent durs. Ce qui m'a le plus intéressé, ce ne sont pas les tapisseries de Flandre, qui sont remarquables, ni les dessins de Rubens, mais les vieux manuscrits avec leur mâle écriture, leurs vignettes, leurs enroulements. Quelle beauté, quelle pureté de dessin! quelle sûreté dans la main qui a tracé ces feuillages, ces anges, ces figures, ces maisonnettes, ces églises! et cela sur un papier grossier, sur un parchemin raboteux.

Après-midi c'est le bon moment pour voir les églises, non sans payer il est vrai. Notre-Dame me plut singulièrement. Aucune église en Belgique n'offre de si douces, de si harmonieuses perspectives. Le chœur n'est pas obstrué comme à St-Pierre et à Saint-Bavon. Quelles admirables stalles dans ce chœur ! Il faut avouer qu'il y a encore des artistes en notre temps, pour comprendre les œuvres du moyen-âge et les reproduire. Parlerai-je des chefs-d'œuvre amoncelés dans cette église ? Je remarquerai que la Descente de croix m'a moins ému que je ne m'y attendais. Est-ce parce que ce tableau a été tant de fois répandu par la gravure, la photographie ? Est-ce parce que la perfection, touchant au naturel, n'a point cet aiguillon qu'offrent les choses extraordinaires (*Wiertz*), pour les gens qui ne sont point complètement artistes ? Pour nous, c'est sans doute un bon tableau de Rubens, mais tous les tableaux de Rubens sont vivants, sont excellents. Nous étions attirés par eux à Bruxelles, au musée d'Anvers, à Gand, partout.

Et il en était de même des autres peintres de

cette école. Jordaens et Crayer n'ont pas besoin de signer. Leurs tableaux paraissent d'hier, et quelle vigueur de pinceau avec cette vivacité de coloris ! Quel art de grouper les figures ! Dans les tableaux modernes, c'est bien ce qui manque le plus. Un niveau cruel passe sur toutes les têtes. Puis ces têtes en brosse ne se prêtent à aucun effet.

Je ne m'étendrai pas longuement non plus sur les monuments artistiques de St-Jacques. C'est un vrai musée. Je noterai pourtant ses confessionnaux, la chapelle de Rubens. Que nos églises, à nous wallons, sont pauvres près de celles de la Flandre !

Nous courons au Musée, en passant par la Bourse cependant. Quelle belle salle ! Comme elle paraît légère, aérienne en comparaison de celle de Bruxelles ! Quelle heureuse disposition aussi de l'avoir placée à cheval sur quatre rues, au centre de la ville !

Le musée est toujours parfaitement éclairé, quoiqu'il soit quatre heures du soir. Ici comment essayer d'énumérer ce qui peut plaire davantage au milieu de tant de chefs-d'œuvre ? Ils se disputent tous votre admiration et l'on a fort à faire. On devient malgré soi très difficile pour les modernes. Par exemple, comment admirer encore de petits tableaux de fleurs après avoir vu ceux de Zegers ! On achète les grandes jouissances du prix des petites.

L'Hôtel de ville d'Anvers est assez imposant à l'extérieur, mais sans unité. A l'intérieur nous voyons la salle Leys, ainsi nommée des tableaux de Leys qui la décorent. Est-ce le jour qui manquait, toujours est-il que je préfère encore les anciens à ce grand moderne. Il faut pourtant avouer qu'on déchiffre immédiatement le sujet des tableaux. Dans le cabinet à côté qui est celui du bourgmestre, nous avons admiré une belle cheminée avec des sculptures et des peintures en grisaille qui nous ont fait illusion, nous les avons tous prises pour des bas-reliefs en marbre.

De l'Hôtel de ville nous revenons à la Cathédrale, car nous avions envie de faire l'ascension de la Tour. Notre attention fut frappée en chemin par le petit dôme de feuillage sculpté par Massys (ou Metzys). Quand on fait sortir de semblables choses de son marteau, il me semble qu'il n'y a qu'un pas du forgeron au peintre. Et l'amour de l'art, aussi bien que l'amour d'une femme, pourrait expliquer la métamorphose.

Au bout de 622 marches, nous voilà hissés sur cette belle tour, la plus haute, je crois, avec sa flèche, de tous les édifices de Belgique. De là on découvre non seulement tout l'échiquier d'Anvers. avec son niveau impitoyable, ses maisons avec pignon sur rue, son large fleuve où les trois-mâts à l'ancre paraissent des barquettes, mais encore une immense campagne par delà les fortifications. Ces fortifications, travaux immenses comme l'on sait, semblent réduites de cette hauteur à un travail de taupe.

Le port d'Anvers méritait bien que les dernières heures de la journée lui fussent consacrées. Nous y allâmes par la Place Verte, la Place de Meir et les boulevards intérieurs qui forment en demi-cercle une ceinture à la ville d'Anvers proprement dite. Ces boulevards sont peuplés de statues aux gloires d'Anvers. Ces statues ont quelque chose d'artistique ; on reconnaît même le cachet original qui distinguait et Van Dyck, et Rubens et Teniers dans leur vie et leurs œuvres.

Le port était plein comme d'habitude et l'on se demande comment on peut manœuvrer ces énormes vaisseaux sans qu'ils se brisent l'un contre l'autre. Je voulais procurer à mes élèves le plaisir d'en voir remorquer un, mais en tournant un peu trop à droite pour tâcher d'apercevoir les cales sèches, — témoins d'un récent accident, et que nous ne pûmes approcher, — la nuit vint nous surprendre : il ne s'agissait plus pour nous de rester dans ces parages, et nous regagnâmes notre gîte pour façonner notre gerbe, car nous avions cueilli tant d'impressions nouvelles qu'il fallait bien un peu d'ordre pour arriver à les retenir.

Les élèves traînaient un peu l'aile aujourd'hui. Pourtant nous avions soin de prendre tram et

voiture, chaque fois que cela pouvait être utile.
Mais nous avions accompli un vrai tour de force
(voir Anvers en un jour), comme on peut en
juger par cette relation abrégée.

4ᵉᵐᵉ Journée.

PAYS DE WAES. — GAND.

*Église Sᵗᵉ Anne. Ruines de Sᵗ Macaire. Jardin botanique. Eglise
Sᵗ Jacques. Marché du Vendredi avec Van Artevelde et le canon
fameux. Hôtel de ville. Le Musée. Le Beffroi. Sᵗ Bavon. L'établissement Van Houtte.*

Pour atteindre Gand, nous traversâmes l'Escaut et prîmes le chemin de fer du Pays de Waes.
La voie est bien mauvaise, les cahots nombreux.
Le pays ne paraît pas très riche près d'Anvers,
mais vers Gand, la richesse augmente. Lokeren
nous montre ses belles prairies transformées en
blanchisseries. Ce qui frappe, c'est la propreté
qui règne partout. Point de chevaux non plus.
La culture s'y fait à la bêche. La terre toute
composée de sable n'offre jamais de résistance
trop grande au travail de l'homme. Il n'en serait
pas de même de la Hesbaye ou du Condroz. En
Flandre, tout est jardin légumier. Nous l'avons
parcourue en trois sens différents et partout nous
avons trouvé le même aspect. Pour en avoir une
vue d'ensemble, il n'est pas de lieu plus propice

que le haut du Beffroi à Gand. Nous fûmes favorisés ce jour-là : il n'y avait pas de brouillard, et nous vîmes Bruges à 9 lieues de là. Gand a une enceinte plus grande qu'Anvers, et par ses jardins, ses établissements horticoles, est bien de la Flandre.

A notre débarquement nous trouvâmes un ami, médecin-vétérinaire de l'armée, qui avait l'obligeance de nous conduire dans cette ville immense qu'on appelle Gand. « Seulement ici, dit-il, tout marche au pas, et non au pas gymnastique. » C'est une remarque que nous avons vérifiée à notre tour. Nulle part on ne se montrait pressé de nous servir. Le tram prend les allures des habitants et ce n'est pas le moyen d'aller vite que d'emprunter ses chevaux. Nous commençons par nous assurer d'un gîte et par nous débarrasser de nos sacs de voyage.

Une église avait été remarquée ; elle n'était pas indiquée sur notre projet de voyage, mais une chose a-t-elle besoin d'être recommandée, vieille ou décrépite pour être admirée ? Nous y entrâmes : c'est l'Eglise Ste-Anne près de la station de l'Etat. Elle est des plus spacieuses. On se demande comment la voûte se soutient presque sans contreforts. L'intérieur est polychrômé. Mais ici ce n'est pas du raccommodage. L'artiste travaille sur des murs nus, appropriés à son travail et je dois dire que cette décoration est magnifique, qu'elle occupe l'œil, le satisfait sans le fatiguer. Cette église a été bâtie par le zèle d'un curé riche, qui y a consacré une grande partie de sa fortune. Un patricien de Gand y a joint une forte somme, et il voulait donner 150.000 francs de plus, si le plan qu'il présentait était adopté. Je rapporte ce fait pour montrer que la passion de l'art tient toujours nos Flamands. Espérons que cette flamme ne s'éteindra pas de sitôt. Espérons que cette sève exubérante finira par déborder sur le pays wallon, car il faut bien avouer notre infériorité ici. Les plus menus détails, la décoration d'une salle à manger... annoncent dans les Flandres un pays d'artistes.

Du présent nous descendons dans la nuit des temps par les ruines de St-Macaire. Il est curieux de voir combien le sol de la ville s'est exhaussé en 700 ans ou un peu plus. Une chose nous a intéressés, c'est le carrelage fait par le respectable auteur de la découverte des tombeaux, avec des pavés céramiques semblables à ceux qui ont tant de vogue pour le moment. Ainsi il n'est rien de neuf sous le soleil, et nous ne faisons guère que retrouver des choses oubliées depuis longtemps.

Le Jardin Botanique était ouvert. Nous en fîmes le tour, et nous n'eûmes pas regret de notre peine, car nous avons vu là une serre chaude pour les plantes aquatiques, comme on en établit une à grands frais au milieu du jardin botanique de Bruxelles. Dans cette serre on voyait une sorte de nénuphar avec des feuilles couvrant l'eau de toute leur surface, excepté sur les bords qui sont relevés, de sorte que chaque feuille offre l'aspect d'une forme à tarte ! mais quelle tarte ! un mètre au moins de diamètre. Le jardin botanique fait en même temps le commerce des fleurs, des plantes. J'aime assez ce double but. Il doit en coûter moins pour la science, et elle n'en est, je m'assure, que mieux servie.

Du Jardin nous arrivons à la Place du Vendredi, par l'église St-Jacques, un vrai musée à l'intérieur.

Sur le Marché du Vendredi entouré de vieilles maisons comme les maisons des corporations à Bruxelles, on voit la statue du tribun Van Artevelde. La statue, à mon humble avis, n'a rien de noble. On a voulu faire grand, on n'a réussi qu'à moitié.

Les grandes places abondent à Gand. Celle du Marché du Vendredi n'est point la plus grande. J'aime beaucoup cela dans les villes et j'aimerais mieux voir notre Liège gagner en étendue tout en conservant de distance en distance des places publiques, réservoirs d'air pur, d'ombre aussi et de jeux pour les enfants déshérités des villes.

Non loin de la Place du Vendredi se trouve le célèbre canon « *Marguerite l'enragée* » qui n'a

pas moins d'un mètre de diamètre intérieur et
près de 6 mètres de longueur. Il est en fer forgé,
et rempli de poudre il devait faire tout de même
un joli tapage.

Nous allions passer devant l'hôtel de ville sans
y entrer. L'extérieur a deux faces toutes différentes, une du moyen-âge d'une richesse d'ornementation incroyable ; c'est vraiment une draperie,
une dentelle de pierre. On la restaure, patiem-
ment, pierre à pierre. L'autre partie est du style
de la Renaissance. On ne peut nier que nos pères
n'eussent voulu produire quelque chose de grand,
car ils ont mis trois rangs de colonnes l'un sur
l'autre, entassé Ossa sur Pélion. Malgré cet effort, la 1re partie fait du tort à la dernière.

J'ai dit que nous allions passer devant l'Hôtel
de ville sans y entrer. En effet notre guide (Baedeker) soutenait que l'intérieur n'offrait rien de
remarquable. Un bourgeois de Gand prétendait
au contraire que l'intérieur valait mieux que l'extérieur. Quelles que fussent nos appréhensions
sur l'esprit de clocher qui pouvait dicter la remarque de notre obligeant interlocuteur, nous
étions trop près pour hésiter. Lorsque nous
eûmes attendu un peu (car c'est l'habitude à Gand)
on voulut bien nous montrer les salles ! Mais
quelles salles ! Dans le genre de celle que nous
avions tant admirée à l'hôtel de ville de Bruxelles,
plus grandes seulement, mais moins bien déco-

rées. Il règne dans ces salles, dans celle au balcon
surtout, un air de grandeur qu'on ne peut exprimer ! Notre bourgeois avait raison : il ne faut
point juger sur l'avis d'autrui.

Dans ce même hôtel de ville, on nous montra
tout un musée d'antiquités qui pourraient être
mieux préservées de la poussière.

Une remarque que j'ai faite dans la visite de
tous ces hôtels de ville : c'est qu'on n'y voit presque point d'employés. Les services sont-ils dis-
persés, ou les Flamands ont-ils conservé la bonne
habitude de faire leurs affaires eux-mêmes ?
Sont-ils *moins fortement* administrés que nous ?
Je les en félicite.

De Saint-Bavon que louer, son architecture
massive ou la richesse de son ornementation
intérieure ? Cette ornementation ressemble beaucoup à celle de St-Jacques à Anvers. La chaire,
tant vantée, nous parut bien inférieure comme
invention à celle de Sainte-Gudule.

Nous n'eûmes pas le temps de visiter la crypte,
pour courir à l'Académie qui contient un musée
riche en Jordaens, en Crayers et en Rubens. Les
œuvres modernes ne sont pas sans mérite : mal-
heureusement trop de nudités.

Nos jeunes gens, quoique visiblement fatigués,
voulurent tenter l'escalade du Beffroi avant de
dîner. Un commissionnaire nous dit que nous
serions bientôt à la plateforme, l'escalier étant

facile et certaine corde aidant. Je soupçonne le
coquin de cultiver l'ironie ; car c'était tout juste
le contraire. Les marches sont difficiles, énormes, irrégulières et la corde ne peut servir que
si l'on fait seul l'ascension ou la descente. Cependant personne de nous ne regretta la peine que
l'ascension lui avait coûtée ; j'ai déjà parlé de la
belle vue dont on jouit et qui comprend une
grande partie de la belle et riche Flandre. De
plus nous avons pu juger *de visu* du mécanisme
d'un carillon, et de son fonctionnement soit
qu'on en joue à la main, soit qu'il joue seul des
ritournelles comme un orgue de Barbarie, ou
une boîte à musique. C'est aussi là que nous
avons vu la cloche d'alarme trouée par un bou-
let de canon : elle n'a rien perdu de son timbre.

Nous descendons tout couverts de poussière ;
elle s'était fixée sur nous par la sueur abondante
que nous donnait ce jour-là une chaleur tropicale. C'est dans cet état que notre facétieux commissionnaire nous conduisit dans le premier
restaurant de la ville peut-être, ruisselant de
propreté au dehors, richement décoré au dedans.
La haute société y vient faire ses fins dîners. Il
y avait à ce moment assez de monde. On comprend que notre entrée fit quelque sensation.
Ajoutons tout de suite que la marchandise répondait à l'enseigne, et que malgré le robuste appétit
que nous avions gagné, il nous fallut crier grâce

avant que les dernières munitions sortissent de la cuisine. Notre estomac reconnaissant gardera le souvenir du restaurant Bouhard. C'est un des deux incidents gais de notre voyage. Notre entrée insolite nous revint plus d'une fois à la mémoire.

C'est le moment peut-être de parler de notre régime qui n'avait rien des anachorètes. Il faut pour supporter telles fatigues des aliments fortifiants et bien préparés. Aussi dépensions-nous d'habitude 3 francs pour notre dîner en y ajoutant un peu de vin ; deux francs au souper, un franc au déjeûner ; deux francs aussi pour le coucher et le service. Cela faisait huit francs par jour. Nous devions compter un peu plus de trois francs par jour pour les voyages en chemin de fer. Il nous restait trois francs encore pour la bière, les pourboires, les tramways, les voitures. J'ai abandonné dix francs à chaque élève pour ses menues dépenses, ne voulant pas que dans un voyage de plaisir aux frais de la commune, ils fussent le moins du monde à charge à leurs parents. Aussi je crois qu'ils ont tous reporté à la maison paternelle l'argent dont ils étaient porteurs en cas de besoin. Je n'ai pu leur abandonner davantage, parce que dans deux endroits, Anvers par exemple et Han le dernier jour, nous avons dépassé notablement notre budget. Cependant nous avons joint les deux bouts.

Bref, je crois que la somme de quinze francs

par jour est une somme suffisante, pourvu que
l'on vise à l'économie, qu'on voyage en troisième;
en tram plutôt qu'en voiture découverte, etc.
Nous avons pu du reste remplir un programme
chargé en nous allouant quatorze francs par jour
seulement.

Nous n'avions plus de monument à voir à
Gand que le palais de Justice, surtout cette
grande salle des Pas-Perdus, qu'aurait dû envier Wiertz pour y placer ses tableaux. On y a
placé des chefs-d'œuvre : la Pacification de Gand
où je me permettrai de demander ce que viennent faire là trois femmes. Il ne faut peut-être
point juger de ces temps troublés comme du
nôtre, mais cela blesse un peu nos mœurs de
voir des femmes s'occuper de politique. On
trouve aussi là des esquisses de Rubens pour
une entrée triomphale ; un choc de cavalerie
terriblement mouvementé, et une bataille de
Poitiers très dramatique.

L'établissement Van Houtte se trouve aux
confins de la ville. Là nous reçûmes encore le
meilleur accueil, grâce à la recommandation de
M. Devos. Nous pûmes admirer ces nombreuses
serres industrielles, ces immenses parcs de
dahlias, de phlox, et ce qui était d'une grande
beauté, une collection de reines-marguerites diversement nuancées et qui occupait plus d'un
hectare. Au sortir des jardins qui donnent du

travail et du pain à deux ou trois cents ouvriers, nous visitâmes l'atelier de chromolithographie. Nous suivîmes l'opération depuis le dessin d'après nature jusqu'au nettoyage des planches après le tirage. Rien de plus intéressant ! — On voit que l'établissement Van Houtte est un des plus importants de Gand qui ne compte pas moins de 80 établissements similaires. Le sol sablonneux est pour quelque chose dans le choix de cette culture, dans la prospérité de cette industrie. De distance en distance, à 50 mètres l'un de l'autre, on trouve des puits dont l'eau n'est qu'à un pied du sol. Non seulement ces horticulteurs ont ainsi l'eau partout à leur disposition, mais je crois que ces puits feraient bien l'effet de drains pour enlever au sol l'humidité quand il y en a de trop, et la lui rendre quand il en manque.

5ème Journée.

BRUGES ET OSTENDE.

Pour aller de Gand à Bruges, deux voies ferrées se font concurrence. L'Etat avait un train à 6 heures ; — c'était tôt, et à 8 h. 30, — c'était tard. Nous partons à 7 h. par la ligne d'Eecloo. Je ne puis passer sous silence un fait économique qui a son importance. Le voyage coûte en 3me 1.60 fr.

par la ligne de l'Etat, et 1.35 fr. par la ligne particulière. L'Etat qui n'a point d'intérêt à s'attirer de la clientèle, n'abaisse point son tarif. S'il y avait moins de monopole, si on avait affaire à deux sociétés, il est probable que le voyage ne coûterait qu'un franc ou 1.20 fr. — En matière économique surtout, il n'est aucun agent qui puisse remplacer la liberté.

C'était un vendredi, jour du marché à Gand ; nous croisions les approvisionneurs qui sont nombreux, mais peu chargés. Les têtes de bétail sur la place de l'Abattoir, en font un champ de foire. Les bestiaux y peuvent être attachés, et n'y souffriront point trop de la chaleur : il y a des arbres.

Je ne reparlerai plus des campagnes des Flandres. C'est partout et toujours le même aspect, moins monotone cependant que les plaines de Hesbaye.

Nous nous étions fait un plan des principales curiosités de Bruges, et comme elles occupent un espace fort restreint dans cette ville, nous pûmes venir à bout de notre programme. Nous fûmes poursuivis par une pluie battante, mais comme nous sortions d'un monument pour entrer dans un autre, nous en avons moins souffert.

La Cathédrale est à deux pas de la station. C'est un peu l'aspect de la Porte de Hal à l'extérieur. L'intérieur est vaste, et riche comme une église flamande.

Notre-Dame a de plus petites proportions, mais elle est aussi riche en œuvres d'art. C'est là que nous avons vu le Christ en croix de Van Dyck (ce n'est qu'une copie), la Vierge et l'enfant Jésus de Michel-Ange ainsi qu'une autre Vierge au tombeau également remarquable ; enfin les monuments élevés à la mémoire de Charles le Téméraire et de Marie de Bourgogne, sa fille. Il est regrettable que ces mausolées soient renfermés dans une chapelle beaucoup trop petite. On n'y jouit d'aucune perspective. Les statues sont trop élevées pour des gens de ma taille. Les écussons sont dans l'ombre. Bref ces œuvres d'art n'auraient pu être plus mal placées.

L'hôpital St-Jean et les tableaux de Memling qu'il possède, dédommageraient, dit le Guide, d'une visite à Bruges. Je suis de son avis, et maintenant je comprends de quelle utilité pour l'art sont les voyages. Pourtant Jordaens n'a point voyagé, et fut un grand peintre. Memling a peut-être toujours habité Bruges. Quoi qu'il en soit, nous vivrions cent ans que nous n'oublierions point la Châsse de Ste-Ursule. Pour juger de la perfection apportée dans les plus petits détails par ces consciencieux ouvriers flamands, nous avons regardé à la loupe un arbre en boule: c'était un laurier, on en aurait compté les feuilles.

L'Hôtel de ville est en restauration, mais il est coquet par ce que nous en avons aperçu. Nous y

avons admiré une belle salle qui sert de bibliothèque. Un jour magnifique est donné par les
grandes fenêtres d'église de l'hôtel. Le plafond
est singulier avec ses voûtes ne reposant que sur
le vide.

On nous introduit à deux pas de là dans la
salle du Franc de Bruges avec son immense
cheminée finement travaillée : Charles-Quint au
milieu, ses aïeuls paternels d'un côté et maternels
de l'autre. Tout cela est en bois, la base de la
cheminée est en marbre noir, sauf la frise qui est
en marbre blanc et qui offre l'histoire de Su-
zanne en bas-reliefs. Il y a là encore de beaux
tableaux et de belles tapisseries quoique modernes (faites à Ingelmunster.)

La chapelle du Saint-Sang est vis-à-vis de
nous, mais comme il y avait service en ce moment, nous courons à l'Académie qui est, je
crois, une œuvre libre. Elle n'en est pas moins
prospère. En y arrivant nous voyons la statue de
Jean Van Eyck qu'on vient d'inaugurer par de
grandes fêtes dont nous apercevons les traces à
chaque pas. Cette statue nous plut singulièrement et nous donna l'envie de voir celle de Memling plus tard. Ces statues font rêver du temps
jadis : est-ce à cause du costume de l'époque,
qu'on a eu le bon goût de leur conserver ? Simon
Stevin n'a point ce privilège.

L'Académie a un musée assez remarquable :

d'abord d'excellents tableaux des artistes brugeois de ce siècle qui ont à cœur d'enrichir le Musée, (l'allégorie charmante « *l'Invention du dessin* » par exemple) ; des Van Eycks authentiques, des Memlings, des Van Oosts et enfin deux tableaux qui font frémir : Le jugement de Cambyse sur le juge prévaricateur. On sait que Cambyse le condamne à être écorché vif, puis met le fils du condamné sur le siège de son père. Et pour que le nouveau juge ne perde point le souvenir du châtiment, le fauteuil où il s'assied est recouvert de la peau du coupable, de son père ! Quant aux tableaux en eux-mêmes, que les peintres réalistes viennent prendre des leçons ici ! Victor Hugo lui-même verrait les impressions qu'il laisse dépassées par le peintre dramatique Gérard·David.

La Chapelle du Saint-Sang est à deux étages. Le dessous est du 12me siècle et n'a rien de remarquable. Le dessus est riche, mais petit (c'est une chapelle). Les vitraux sont si finement travaillés qu'ils valent des tableaux. Il y a aussi là des œuvres d'art d'un mérite singulier. Nous qui avions vu tant de musées, nous admirions encore, ce qui paraîtra bien difficile à ceux qui tenteront le même voyage.

Notre visite à Bruges était terminée. Nous pourrions dire un mot de la décoration des rues, mais il nous faudrait alors parler de Bruxelles et d'Anvers. Je trouve cependant que Bruges s'était distingué, surpassé.

La grande attraction du jour était bien la mer
que nous allions voir à Ostende. Je fus un peu
désappointé de la voir si tranquille. Il était
3 h. 1/4 et la marée ne devait avoir lieu qu'à
7 heures. Y a-t-il une sorte d'hésitation, de calme
entre le flux et le reflux ? L'air était lourd. Aux
approches d'un orage, la mer perd-elle ses fu-
reurs ? Toujours est-il qu'elle ne remuait pas plus
que l'Escaut à Anvers. Cependant nous la vîmes
bientôt quelque peu s'animer, et après qu'avec
trois de nos compagnons nous eûmes pris un
bain (les trois autres y renoncèrent), la mer nous
fit assister à un beau spectacle. Nous étions assis
sur la digue et nous ne perdions aucune particularité. Le soleil tantôt voilé, tantôt argentant,
nacrant les vagues ; la mer déferlant à nos pieds
avec fracas ou gémissant plaintive, cet orage
même que nous bravions et qui fut terrible, tout
cela, nos jeunes gens ne l'oublieront point. Ils en
avaient l'âme remplie. Je vous assure qu'on ne
parla ni de monuments, ni de phare, ni d'estacade même. Ils avaient vu la mer : c'était assez
pour eux. Ils y retournèrent encore après l'orage.
Nous ne quittâmes Ostende qu'à neuf heures du
soir.

6ᵉᵐᵉ Journée.

DE GAND A NAMUR.

Rentrés tard (11 heures) d'Ostende, on n'avait pu penser à faire le compte-rendu ce jour même. On s'acquitta de cette tâche le samedi matin. Nous ne prenions le train pour le Hainaut qu'à huit heures 12 m. Justement, parce que nous avions du temps devant nous, ce train, nous le manquâmes. Nos communications étaient rompues avec La Louvière. Cependant un train nous emporta vers Manage trois quarts d'heure après. Nous dinâmes à Manage et à 2 h. précises nous étions à La Louvière.

Le trajet se fit sans poussière et nous vîmes après la Flandre, le Hainaut industriel. A La Louvière, nous fûmes reçus par le directeur de l'Ecole moyenne de Houdeng qui nous procura le plaisir de visiter une verrerie et l'important établissement céramique de MM. Bock frères à Kéramis.

Nous visitâmes d'abord les magasins de ces derniers. Ils sont reliés entre eux par de petits chemins de fer. Avons-nous vu des piles d'assiettes, des aiguières de toutes formes, diversement décorées!

Un employé qui nous servait de guide dans

cette petite ville industrielle, nous mène ensuite
aux machines qui délayent la terre, la triturent,
la rendent liquide. En cet état, on la jette dans
des presses. L'eau passe à travers les mailles
d'un coton spécial, mais la terre ne passe pas.
Cette terre dépouillée de son eau est encore portée dans d'autres malaxeurs mus à la vapeur,
puis elle est portée aux ouvriers modeleurs.
Ceux-ci travaillent au tour mû par le pied, ou au
tour mécanique. Chaque objet est souvent le
produit de plusieurs opérations.

Nous assistons à l'*encastrement*, opération qui
consiste à mettre le plus d'objets possible dans
une même *chemise* ou *ga҇ette*. On appelle de ce
double nom des cylindres en terre dans lesquels
se cuisent les objets fabriqués. Ces objets ne
peuvent ni se toucher, ni remuer dans la gazette,
et de là un grand art demandé de l'ouvrier en-
castreur. Après une première cuisson, on retire
les objets pour les vernir : ce qui se fait en les
plongeant dans une préparation liquide toujours
remuée pour qu'elle ne dépose point et blanche
comme du lait. Ce vernis se liquéfie et prend un
beau poli par la cuisson. Il ne faut pas qu'il y en
ait de trop en certains endroits. Il faut qu'on y
retouche avant la cuisson.

Si la faïence doit être décorée, après la cuisson
du vernis, elle passe dans l'atelier d'imprimerie
ou dans celui de peinture.

Pour imprimer, on fait usage d'un procédé comme la décalcomanie.

Pour peindre sur porcelaine, si l'on ne veut produire que des lignes, cela se fait au moyen d'un pinceau présenté à l'objet qui tourne avec rapidité.

Nous avons vu imiter la porcelaine de Delft. La difficulté ici, c'est que le dessin doit se faire sur des vases vernissés mais dont le vernis n'est pas cuit. La surface est raboteuse, humide. De plus on ne sait jamais quelle couleur, quelle nuance sortira du four. Ce sont des essais perpétuels. On n'est pas encore parvenu à obtenir le beau bleu de Delft.

Un nombreux personnel, surtout des femmes, est occupé dans cet immense établissement. Cependant la faïence décorée a perdu ces deux dernières années de son importance. On le comprend ; la crise industrielle fait que pour les choses usuelles même on se restreint. La porcelaine blanche coûte deux fois moins et remplit le même but que la décorée.

Ce qui nous a le plus étonnés peut-être, ce sont les fours. Il y en avait un en chargement. Il faut deux jours pour le remplir. Je crois qu'il entre 2500 gazettes dans chaque four. Nous jetâmes un coup d'œil, par la glace, dans un four en cuisson. Enfin nous en vîmes un refroidi. Les premières pièces, heureusement et à dessein les plus grossières, étaient gâtées. Le feu, comme vous voyez, est une puissance capricieuse : il joue au fabricant de bien mauvais tours parfois.

Une verrerie n'est guère un établissement aussi vaste, mais il n'est pas moins intéressant. L'explication nous fut donnée d'ailleurs d'une façon lucide, avec démonstrations instantanées, par le propriétaire, M. Houtart, membre de la Chambre des Représentants.

Nous vîmes d'abord le broyage des matières premières qui sont un peu différentes selon que l'on veut produire le verre blanc ou le verre opaque. Du manège nous passons au magasin des creusets. Ce sont d'immenses jattes d'un mètre trente centimètres de hauteur, épaisses de douze à quinze centimètres, faites en terre réfractaire d'Andenne. Elles doivent sécher lentement, et d'ordinaire un an se passe dans cette opération. Le verrier met tous ses soins dans la préparation des creusets, car si la moindre fente se produit, non seulement le creuset est perdu, mais la matière qu'il contient se répand et se perd aussi.

Nous voyons ensuite ces creusets remplis de matières à produire le verre. Ce mélange fond par la chaleur. On en saisit des portions au moyen d'une canne à pêche en fer qui est creuse et l'on souffle. De temps en temps on réchauffe dans le four cette bouteille commencée. Les grosses dames-jeannes se font dans des moules, un enfant fabrique le fond au moyen d'un gros morceau de bois, le verre ainsi incandescent étant malléable. On porte toutes les bouteilles formées dans un four, qu'on laisse refroidir lentement, dès qu'il est plein.

Le verre à vitre se fait de la même façon, il se souffle en énormes cylindres. Des balancements dans l'air du *canon* ainsi formé aident à conserver la forme régulière et facilitent l'allongement de la pièce. On coupe les deux extrémités dans cet atelier même. Puis les canons sont portés dans un autre atelier où on les fend. On les ouvre en les exposant à une forte chaleur qui les ramollit. Enfin on les aplatit complètement sur une table avec un rateau de bois. On laisse refroidir dans des fours spéciaux et voisins des dernières opérations.

Nous devinons bien que les glaces ne se font point par le même procédé.

Après que nous eûmes remercié chaudement M. le Représentant de ses explications si claires et si intéressantes, nous prîmes le train qui devait trois heures après nous descendre à Namur. Nous vîmes cette riche contrée de Charleroy, cette belle vallée de la Sambre, trop méconnues, trop peu chantées. S'il y a un canton en Belgique qui montre notre puissance et nos richesses, c'est bien ce bassin fertile, prodigieux. Les vil-

lages s'étalent sur les hauteurs : belles constructions gaies et hautes qui n'ont rien de commun
avec les maisons noires et basses d'Ougrée ou de
Seraing, de Tilleur ou de Jemeppe. Les stations
de chemin de fer donnent une idée de l'activité
industrielle qui règne dans ces parages, ou qui
régnait hélas ! Couillet, Chatelineau, ont des
gares plus spacieuses que nos Guillemins, et sont
à deux pas de celle de Charleroi qui leur est bien
égale.

L'activité diminue et le pittoresque prend le
dessus en approchant de Namur. Il règne en
maître dans la belle vallée de la Meuse, de Liège
à Dinant.

7ème Journée.

NAMUR ET DINANT.

La matinée s'est passée dans la visite de la
Ville, de ses nouveaux boulevards, du quai du
Grognon, embouchure de la Sambre, dans la vi-
site des deux églises principales et de la citadelle.

L'église St-Aubain nous a paru bien négligée à
l'extérieur. Il faut la perfection à la forme grecque;
il lui faut aussi la jeunesse, l'éternelle jeunesse
pour plaire. C'est assez dire qu'elle aura de la
peine à s'acclimater dans nos pays froids, surtout
si l'on veut suppléer la pierre par le plâtre.

L'intérieur est brillamment illuminé. Nous

n'avons vu aucune église si blanche, si gaie, si pure. Nous y entendîmes la messe. La piété des fidèles honore Namur. Après l'office, nous fîmes un tour de l'église, riche en peintures. La chaire de vérité est noble et imposante.

Saint Loup a un tout autre caractère. Son aspect est sombre. Il y a là un cachet de grandeur que les piliers de marbre, la voûte assez grossièrement sculptée, contribuent sans doute à donner au monument.

Du haut de la Citadelle, on jouit d'une vue admirable. Il n'y avait pas le moindre brouillard, et les objets n'étant point trop distants sont exactement perçus. Le relief du terrain aide beaucoup à cette netteté. J'ai déjà dit plus haut que nos toits d'ardoise donnent une physionomie tout autre à nos villes que les toits de tuile aux villes flamandes.

L'après-diner fut consacré à Dinant. Nous y allâmes par chemin de fer, nous en revînmes par bateau. Le trajet ne s'accomplit pas aussi vite, mais on jouit plus en détail des vues les plus pittoresques du pays.

Nos élèves n'y sont pas insensibles, mais ils n'en jouissent pas comme moi. Il faut être enfant des forêts pour les regretter toujours.

Dinant n'a de remarquable que son fort. Nous lui fîmes donc à ce Seigneur, la visite d'honneur.

La montée (408 marches de 20 ou 30 centimètres) est très fatigante. Mais, comme il nous est arrivé dans toutes nos ascensions, nous n'eûmes pas de regret à notre peine. Je recommanderai mème ces moyens de juger de l'ensemble d'une ville ou d'une contrée..... Pourtant il y aurait danger de faire tenter ces ascensions aux personnes asthmatiques ou à des jeunes gens atteints d'une maladie de cœur.

8ème Journée.

LA GROTTE DE HAN.

Jusqu'à ce jour nous avions espéré prolonger notre voyage et parcourir à pied la pauvre mais pittoresque Ardenne.

Nous comptions ne point nous arrêter à Han, revenir à Barvaux, puis de là gagner le chemin de fer de Pepinster à Luxembourg, pour voir la Cascade de Coo, la ville de Spa et ses promenades. Mais la visite de Han demande une journée ; elle nous demanda beaucoup d'argent, de sorte que nous nous trouvâmes à court de temps et d'argent pour prolonger notre voyage. D'ailleurs nous avions vu le bois de la Cambre dont les avenues sont plus belles que les promenades de Spa ; puis Coo nous aurait paru peu curieux après les grandes choses que nous allions voir dans cette dernière journée.

Car une visite à Han vous laisse sous le coup de puissantes impressions. On sent le besoin de se recueillir, de conserver ces impressions. Aucun de nos élèves n'aurait voulu continuer son voyage, et je me féliciterai toujours d'avoir fini cette belle excursion par *ce coup de tonnerre.*

Partis de Namur à 8 h. 8 m. du matin, nous étions à Jemelle à 10 h. 10 m. Nous avions traversé le Condroz, ses riches plateaux, ses profonds ravins. Cette contrée est assez pittoresque, — et ses villages bien bâtis (les matériaux ne manquent point) sont entourés de vergers luxuriants.

De Jemelle nous voilà en voiture pour Rochefort et Han. Nous eussions pu faire le chemin à pied, mais nous ne savions pas les détours de la route et nous étions pressés, dans l'espoir de reprendre le train de 5 h. 50 du soir vers Liège. Nous étions à Han à 11 h. mais il nous fallut faire de nouveau un trajet de 20 à 25 minutes, pour atteindre l'entrée de la grotte. En passant nous vîmes le trou de Belvaux où s'abîme la Lesse avec fracas. Figurez-vous un immense arc-boutant soutenant deux rochers qui s'appuient sur lui, hauteur une église ; au fond la Lesse grondeuse bondissant de roches en roches et dans l'ombre l'abîme noir.

On sait que la Lesse reparaît à l'autre côté de la montagne, mais on ne connaît point les circuits qu'elle y forme. Ce sont les eaux qui ont formé la grotte, les stalactites et les stalagmites.

Nous nous engageons gaiement sous ces voûtes sombres. La compagnie était nombreuse et distinguée, le guide vaillant et presque disert, si on ne savait qu'il connaît son boniment par cœur. Je dois dire qu'il nous fit passer agréablement le temps. La grotte est disposée de façon à passer du simple au merveilleux, du merveilleux au féerique. Cependant comme il faut choisir parmi les souvenirs, nous citerons seulement trois salles : les Merveilleuses, la Salle d'armes, où l'on retrouve la Lesse, et qui me plut à tel point qu'en ce moment je serais sorti satisfait de mon excursion ; enfin la Salle du Dôme aux proportions gigantesques. Quoiqu'on l'éclaire de trois côtés à la fois, le plafond semble fuir nos regards. Mais ce qui est plus émouvant encore, c'est de s'embarquer sur la Lesse pour revenir au jour. Rien ne donne une idée de cette féerie. On éteint les lumières, et déjà de loin on voit apparaître le jour, mais un jour tamisant les ténèbres ; les barques avancent lentement et sans bruit pour nous faire jouir du spectacle. Enfin au commandement du guide, une petite pièce de canon fait retentir les échos de la grotte. Ce n'est plus le bruit du canon, c'est celui du tonnerre, d'un tonnerre effroyable. On nous donna à juger de l'effet d'un second coup qui ne dut rien au premier.

Puis nous revîmes le jour à travers de grands arbres encore, enfin la plaine. A 4 h. 20 m. nous étions à Rochefort, faisant honneur au dîner de M. Byron. A 6 heures nous prenions le train pour Liège et à 9 heures sans doute nous étions tous rendus à nos familles.

Mes élèves m'ont assuré qu'ils n'avaient pas eu le temps de s'ennuyer un quart d'heure seulement.

Pour moi, j'avais été content d'eux et je les chargeai de le dire à leurs parents.

Liége, 7 sept. 1878.

2ème Excursion en Belgique.

1882.

QUATRE ans après la première excursion scolaire que j'avais dirigée, je fus chargé d'en diriger une seconde.

Quoique la première fût une préparation suffisante à la seconde, je lus la « Belgique illustrée » de Van Bemmel. Cette lecture m'inspira l'idée de varier un peu l'itinéraire du voyage, de manière à marier l'élément musée et architecture aux choses naturelles, pour éviter la monotonie.

Sans doute je voulais montrer beaucoup trop de choses, car il me fut recommandé de ne point rendre le voyage trop fatigant.

En somme, il a duré neuf jours ; nous avons mêlé l'utile au beau, quelquefois à l'agréable et les deux élèves que j'accompagnais garderont sans doute une forte impression de ce qu'ils auront vu.

Les villes que nous devions visiter étaient Bruxelles, Anvers, Gand, Bruges, Ostende, Flessingue. Nous avons supprimé cette dernière ville, parce que les communications n'étaient ni faciles ni rapides, et que la ville n'offrait point de choses bien nouvelles après la vue de la mer à Ostende, des steamers à Gand et à Anvers.

On verra dans le cours du voyage quelles villes ont été ajoutées à notre itinéraire.

L'ordre chronologique s'imposant ici, nous raconterons donc notre voyage journée par journée.

Iʳᵉ Journée.

PAYS DE HERVE. VERVIERS. LOUVAIN.

Le départ avait lieu des Guillemins, le 28 août. Nous allons à Verviers par le pays de Herve. Mais avant de mettre le pied sur le train qui allait nous emporter au pays des fromages, nous avions déjà fait une expérience qui montre combien il faut laisser à l'imprévu dans l'étude d'un projet de voyage. On nous fait payer 1.50 fr. au lieu de 1 fr., quoique l'Indicateur dise qu'en cas de trajet allongé, on paie ordinairement comme pour le trajet le plus court.

Bref, ce petit mécompte joint à l'Express de Verviers pour Louvain, fait que pour parvenir à Bruxelles, nous avons payé juste le double de ce que nous aurions payé en nous y rendant directement (7.20 fr. par personne au lieu de 3.60 fr.)

Nous n'eûmes cependant pas regret d'avoir fait ce crochet et pris cette direction. Le pays de Herve est magnifique. Ce que j'en connaissais m'avait donné le goût de voir le reste, et je n'avais rien vu, puis-je dire. Quels points de vue magnifiques ! quelles perspectives riantes ! Du haut de Battice on jouit d'une vue de deux lieues de profondeur certainement, sur des prairies accidentées, mouvementées ! En redescendant ensuite sur Dison et Verviers, on dirait que l'ingénieur a voulu autant que possible conserver le pittoresque ; il y est en tout cas parvenu.

Verviers n'est plus le poudreux Verviers, le Verviers des noires fabriques. Verviers a fait peau neuve, les nouvelles installations sont créées avec bon goût. La propreté n'est pas seulement à l'extérieur, elle règne, elle brille aussi à l'intérieur. Je n'en veux d'autre preuve que les trois principaux établissements que nous avons visités en premier lieu et qui étaient ruisselants de propreté. Dans l'un d'eux, la machine à vapeur est installée dans une cage élégante, couverte de peintures murales, d'arabesques, comme un petit salon. Vit-on jamais une machine si bien soignée ?

Notre première visite fut pour le Collège communal changé depuis peu en Athénée royal. La grande salle vitrée, grande comme une église, qui sert de lieu de récréation aux élèves en temps de pluie, de promenoir en tout temps, m'a frappé davantage cette fois si possible. Une exposition de fleurs et de fruits qui s'est faite quelques jours après dans ce préau couvert en a mieux encore montré les avantages, l'utilité.

Je me disais à part moi que la force des choses amènerait la Ville de Liège à nous donner quelque chose de semblable pour compléter le nouveau bâtiment de l'Ecole moyenne et obvier à l'insuffisance des cours ou préaux.

Monsieur Lorrain, préfet de l'Athénée, à l'obligeance de qui j'avais fait appel pour nous montrer le travail de la laine, nous conduisit d'abord au plus important établissement de ceux qui ont pour unique soin de laver, de nettoyer la laine.

Le fils de l'inventeur de l'appareil mécanique qui produit ce nettoyage, appareil appelé non sans orgueil *Leviathan*, nous a lui-même montré ses ateliers. Vous devinez quel excellent *cicerone* nous avions là ! Voici la laine brute, telle qu'elle arrive de La Plata, du Cap ou de Sidney. On en tire trois espèces de laine, toute la toison n'ayant pas la même valeur. Ce triage fait, — et ici la main d'œuvre, l'ouvrière ne sera pas remplacée par la machine, — nous avons été voir où la laine est débarrassée de son suint, dégraissée, étirée. Ces grandes mains mécaniques, ces mains infatigables, je les avais déjà vues tra-. vailler chez M. Dehasse à Liège ; ici on compte un plus grand nombre et peut-être une plus grande variété d'appareils. La laine lavée à la potasse d'abord, à l'eau chaude ensuite, est rincée dans l'eau pure de la Gileppe. Une machine appelée *essoreuse* la sèche au moyen de la force centrifuge. Il est encore d'autres séchoirs, de vrais fours sénégaliens, où l'on ne demande pas à rester longtemps.

Une application curieuse de la chimie est bien l'*Echardonneuse*. La laine lavée, ouverte contient encore des milliers de petits chardons. On la plonge dans un bain d'acide sulfurique qui attaque les végétaux, tandis qu'il respecte les produits animaux, la laine. Les chardons brûlés tombent ensuite en poussière.

On débarrasse ensuite la laine de l'acide sulfurique qui nuirait aux opérations suivantes que subit la laine. Cela se fait par la soude, puis la laine séchée est livrée aux filateurs.

Remarque. La laine lavée ne peut plus être foulée ni pressée impunément. De sorte que le lavage des laines ne se fera probablement pas de sitôt aux lieux de production, vu qu'on paie le fret des navires d'après les mètres cubes occupés et non d'après le poids. A quoi tient, n'est-ce pas, le sort d'une industrie, la prospérité d'une ville !

Dans un établissement voisin, nous avons été voir le filage. On drousse, on carde d'abord, au moyen de trois machines à peu près semblables ; ce que l'on nomme un *assortiment*. Une balance automatique qui se trouve sur le devant de la 1re machine dit dans son langage infaillible quand la laine répandue sur son tablier est suffisante et également répartie. Elle sort en ouate de laine éblouissante. Portée à la seconde machine, et à la troisième, par les vides que laissent les cardes, on obtient des fils qui sont comme de la grosse ficelle pour l'apparence, mais non pour la consistance, car bientôt les Mull-Jennys les réduisent à un fil très mince. Ces fils sont tordus plus fort pour la chaîne que pour la trame.

Le fil produit par la Mull-Jenny qui est gouvernée par un homme et son apprenti (*fileur et rattacheur*) est remis en écheveaux et en bobines par des femmes, toujours à l'aide de machines, des dévidoirs énormes.

Je dis gouvernée plus haut, ce serait mieux de dire servie, car tout marche automatiquement et les deux aides de la machine n'ont de besogne qu'à rattacher les fils qui viennent à se casser, à renouveler les bobines quand elles viennent à s'épuiser.

Voir travailler 8 ou 10 Mull-Jennys est déjà un coup d'œil intéressant, mais l'atelier où l'on fabrique les cardes offre selon moi un aspect féerique.

Figurez-vous 140machines assez compliquées, toutes à leur pupitre comme des écoliers, travaillant seules, sans relâche, s'arrêtant quand le fil casse, comme le bon cheval devant un homme couché, non, si vous aviez joui de cette vue, vous ne l'oublieriez jamais.

La carde est un morceau de cuir ou d'étoffe ordinairement en forme de courroie ; on en fait de très longues, en ajoutant des morceaux de cuir taillés en biseau et réunis par une colle forte spéciale. Ce cuir est percé par la machine qui y introduit un fil plié en deux de façon que l'on obtient d'un côté l'aspect du chardon *cardère* dans sa pomme épineuse. Ce fil est de fer, de cuir ou d'acier. Il est très mince, comme un cheveu. On se demande comment on peut l'obtenir.

Eh bien, il faut l'avouer, jusqu'à présent il n'a pu être obtenu en Belgique. Notre orgueil industriel en est un peu froissé. Bientôt, dit-on, nous ne serons plus tributaires de l'Angleterre pour ce produit, MM. Dawans à Renory (Liège) allant travailler à nous en affranchir.

Pourquoi la 4me maison visitée, de beaucoup

plus importante que les autres, nous a-t-elle moins plu que les autres ? C'est qu'il y faisait plus sale. On ne peut pourtant pas teindre, fouler et décatir sans salir.

C'était surtout le *tissage* qui nous attirait et nous avons vu tisser à la mécanique et à la main, au métier Jacquart.

Cheminant ainsi à travers la ville à la poursuite d'un seul but : — nous rendre compte de tout le travail que subit la laine, — nous avons passé devant l'Hôtel de ville de Verviers qui n'a rien de remarquable, mais rien non plus de déplaisant dans son architecture grecque de renaissance ; devant l'église St-Remacle dont la tour carrée placée sur une colonnade grecque fait le plus mauvais effet ; devant le palais de Justice assez réussi, assez noble. La statue qui représente Thémis aurait dû être placée sur un piedestal, un fronton ; elle ne plane pas assez sur l'édifice entier, elle ne l'embrasse pas.

Nous arrivons à Louvain par l'express (non sans payer, comme nous l'avons vu) mais nous y sommes avant 5 heures. Nous voyons l'Hôtel de ville, cette châsse brillante. St-Pierre vis-à-vis

était ouvert, nous en avons fait le tour intérieure-
ment. Que cette église nous a paru longue !
Quelle magnificence aussi dans les portails res-
taurés ; ils font penser naturellement aux portails de Ste-Gudule.

Nous sommes allés voir ces fameuses stalles
de Sainte-Gertrude qui sont ce qu'il y a de plus
beau en Belgique pour la sculpture sur bois.
Pourquoi certaines gens (les Français entre
autres) méprisent-ils, si légèrement que ce soit,
cette espèce de sculpture ? Il me semble que les
difficultés sont bien aussi grandes qu'avec toute
autre matière. Ici tout est chef d'œuvre d'expres-
sion et de sobriété. Comment ces maîtres-ou-
vriers dont le ciseau était si sûr ont-ils pu retenir
leur ciseau ? Voilà ce qui m'étonne, il est si facile
de se laisser aller à la fougue de son talent et de
son imagination.

A Ste-Gertrude nous avons vu une flèche de
pierre à jour qui offre un beau coup d'œil, pourvu
qu'en son esprit on ne la compare pas à la flèche
de l'hôtel de ville de Bruxelles.

En faisant le tour des Halles ou de l'Univer-
sité, nous sommes venus devant l'Eglise des Jésuites dont la façade est certainement belle dans
son genre, ce style un peu théâtral de renaissance
grecque, souvent nommé *jésuitique.*

Louvain possède encore plusieurs églises remarquables qui offrent cette particularité que
leur tour est inachevée.

Deux heures après nous repassions par devant
Van de Weyer, le diplomate, et nous roulions
vers Bruxelles.

Après nous être assurés d'un hôtel, nous sou-
pons, nous nouons notre gerbe comme nous
avons l'habitude chaque soir, et nous nous en-
dormons contents de notre première journée.

2ème Journée.

BRUXELLES.

*Eglise de la Chapelle. Palais de Justice. N.-D. du Sablon. Rue de la
Régence. St-Jacques sur Caudenberg. Le Parc. Le Palais de la
Nation. Feu l'Exposition. Musée scolaire. Parc Léopold. Musée
Wiertz. Montagne de la Cour. Marché couvert. Grand'place de
l'hôtel de ville. — Représentation aux Galeries St-Hubert.*

La première journée avait été favorisée d'un
soleil splendide. La seconde ne fut guère moins
heureuse. La pluie nous surprit un peu l'après-
dînée et nous fit manquer notre promenade au
Bois de la Cambre, mais que de belles choses
nous avons vues encore !

Nous étions en route dès sept heures du matin.
Nous sommes allés d'abord à l'Eglise de la Chapelle que la « Belgique Illustrée » m'avait vantée,
et qui est vraiment belle à l'extérieur comme à
l'intérieur. Parlerai-je de ses fenêtres, de sa
chaire si belle, si sobre (une noble figure d'Elie,

un bel ange lui présentant du pain), de son jubé, de ses tableaux, d'un chemin de croix surtout qui est bien réussi dans plusieurs de ses stations. Je n'ai rien vu de mieux qu'à la Cathédrale d'Anvers, et encore là il n'y a pas la maestria qu'on remarque ici. L'espace manque, ce n'est qu'une fresque ornant un côté de la chapelle d'une décoration comme un bas-relief.

De la rue de la Chapelle, nous sommes allés au Palais de Justice. Nous l'avons vu en détail. Nous nous sommes hissés au haut de la coupole dont les fermes sont placées, mais dont le toit n'est pas encore en place. A l'œil nu, nous apercevions le lion de Waterloo, la cathédrale de Malines, d'aucuns ajoutent le clocher de N. Dame d'Anvers. Le coup d'œil est féerique, il efface tous les panoramas ; il dépasse toutes les prévisions, et on ne regrette point les cinq cents marches que l'on a dû gravir pour en jouir.

Le Palais est plus beau que je ne l'aurais cru, quand on choisit bien son point de vue. Mais il semble que déjà cette recherche de photographe, montre que l'effet d'une architecture si coûteuse est manqué.

Nous prenons la rue de la Régence, nous arrêtant peu à la place du Sablon, où se trouve le groupe d'Egmont et de Hornes ; peu aussi à l'église du Sablon, qui est riche en tableaux, en vitraux ; nous montrons le Palais des Expositions, celui du Comte de Flandre ; nous entrons dans St-Jacques sur Caudenberg qui pour être en style grec n'est point du tout laide. Il me semble que j'aurais dégagé les colonnes de l'intérieur, mais aurait-on eu encore assez de solidité ?

Nous admirons la statue de Godefroid de Bouillon, le Parc et nous entrons au Palais de la Nation.

Nous avons revu le Sénat et la Chambre, et leurs sections, et leurs bureaux de présidents avec plaisir. Il nous en a coûté quelque argent, mais bah ! le beau est toujours le beau, les élèves prennent des leçons de bon goût.

D'ailleurs cette visite a une autre portée, celle d'habituer aux mœurs politiques. Mais n'eût-elle d'autre but que celui d'admirer des chefs-d'œuvre de l'art, on ne perdrait pas sa peine. Il y a là un heureux choix de tableaux, des salons du style Louis XVI d'une unité remarquable. Mais ce qui ne peut s'oublier, ce sont les 14 tableaux de Gallait dans la salle du Sénat. A mon humble avis, chacune de ces toiles est un chef-d'œuvre. On s'absorbe dans l'étude de ces physionomies si diverses ; nous devions retrouver Gallait au Musée, mais si nous avons pu y admirer une autre face de son talent (sa composition heureuse), nous ne pouvions prendre de lui une plus haute idée comme portraitiste. Ce n'est pas la ressemblance matérielle ici, mais la vue du tableau ressuscite une époque.

Nous courons au Palais de l'Exposition ou de feu l'Exposition, pensant y trouver le conservateur du musée scolaire, notre ancien collègue, M. Devos. On ne put même nous donner son adresse et nous dûmes revenir rue Ducale pour chercher.... et trouver le musée scolaire. Nous y entrons à midi et nous avons de la peine à nous en arracher avant une heure. On comprend cela, élèves et maîtres sont ici dans leur élément. Une collection a surtout attiré notre attention, c'est un envoi de meubles et d'outils produits par une école normale de travaux manuels. Il me semble que d'excellentes inventions peuvent sortir de là. La routine ruineuse sera entamée. Des résurrections heureuses seront faites....

Après le dîner nous allons à l'ancien jardin Zoologique, successeur le parc Léopold qui ne continue pas les affaires de son père, c'est-à-dire l'article *bêtes*. Le jardin était merveilleusement disposé pour cette exhibition, et seul, dépourvu de ses habitants, il mérite encore une visite.

Le Musée Wiertz nous appelle. Il produit toujours sur moi une impression profonde, au premier abord. Mais cette impression s'efface par la réflexion, et je me dis que cet homme puissant a trompé son génie. Il devait produire d'autres chefs-d'œuvre. L'orgueil lui a enlevé une grande partie de ses facultés.

Nous revenons par la Chaussée de Wavre, à

la fontaine de Brouckère dont les narvals souf-
flaient leurs jets puissants ; nous descendons la
Montagne de la Cour, nous montrons le marché
couvert (fruits, légumes, fleurs, volailles et
livres). Nous montons la Grand'Place, l'Hôtel
de ville que nous visiterons demain, et nous
nous hâtons de rentrer pour souper, parce que le
soir nous devons aller à une représentation théâ-
trale, aux Galeries St-Hubert : Opéra-comique,
le Jour et la Nuit.

L'œuvre m'a paru excellente au premier acte,
médiocre au second, se relevant au troisième.
C'est plutôt un prétexte à chansonnettes souvent
fort réussies.

Pour en finir du divertissement que nous
avons pris aux théâtres, je dirai que le lendemain
nous avons été voir des tours de force dans la
salle de l'Eden. La vue du théâtre qui ne ressemble point aux constructions de même genre,
valait bien la dépense.

Revenant d'Anvers, nous avons été voir la
grande salle de la Monnaie. On donnait Martha,
intrigue médiocre. Je remarquerai à ce propos
que l'opéra-comique me semble plus réel, plus
vraisemblable que le grand-opéra. Le bon sens
d'un Belge a dû créer cela pour satisfaire son
besoin de vérité. Mais quel orchestre que celui de
la Monnaie, quels sons moelleux, énergiques,
sûrs d'eux-mêmes sèment ces 80 musiciens, dans
une salle merveilleuse d'acoustique !

3ème Journée.

BRUXELLES ENCORE

*Vue de la ville. Boulevard central. La Place des Martyrs. L'Eglise
du Finisterre. Ste-Gudule. L'hôtel de Ville. Le Jardin Botanique.
La Colonne du Congrès. Le Musée de peinture. Les quais industriels.
La Bourse et les Halles.*

Il n'est rien comme la promenade à pied pour
juger de l'aspect d'une ville. C'est un peu fatigant,
mais nous voyons mieux et c'est ainsi qu'avant
9 heures du matin nous avions vu le Boulevard
Central, la Place des Martyrs, l'Eglise du Finisterre et Ste-Gudule où nous avons fait une longue
station. Comment faire autrement ?

Nous voilà à l'Hôtel de ville. Pour moi, rien
de neuf, sinon des Gobelins faits à Malines et qui
décorent la salle des fêtes, la salle gothique.
Chacun de ces gobelins coûte à la ville 10000 frs,
mais quelle admiration ils provoquent. Une particularité que présentent tous ces portraits de
gens de métiers, c'est que les deux jambes de la
culotte ne sont point semblables. Dans quel but?
Est-ce fidélité historique ou essai d'esthétique
pour ne pas alourdir les personnages.

Au Jardin Botanique nous nous sommes fait
montrer un herbier des algues marines, ainsi
qu'un livre représentant les fleurs des Alpes ; les

premières sont rouges pour la plupart, les secondes ressemblent presque toutes à nos bruyères. Nulle plage n'est complètement déshéritée !

Nous avons visité les serres de toutes espèces. En avons-nous vu, des fougères diverses, des palmiers géants, des orchidées fantaisistes !

On comprendra sans peine que j'aie laissé monter seuls mes deux élèves à la Colonne du Congrès. Après la vue du Dôme du Palais de Justice, qu'était celle-ci ?

Nous avons passé près de trois heures au musée de peinture.

Lors de l'Exposition de 1878 (*Paris*) beaucoup de tableaux modernes étaient allés à Paris, et les œuvres restées faisaient piètre figure mélangées aux anciennes. Cette fois je n'en dirai plus autant, et les Navez, les Kaysers, les Wauters, et surtout les Leys et les Gallaits nous donnent une autre idée des forces de l'école actuelle. A quoi tient une opinion pourtant ?

Le soir nous avons vu la Bourse, le bâtiment, et sa mer aussi, sa mer de bruits, son âme bruyante, je n'oserais dire plaintive ; les Halles centrales, les quais industriels, le bassin, le canal, l'Entrepôt, la caserne du Petit-Château, cette caserne gaie du général Meyers.

4ᵉᵐᵉ Journée.

HOUDENG.

Descente dans une houillère. Visite d'une faïencerie.

MONS.

Ste-Waudru. Le Beffroi.

Nous partons de bon matin pour le Hainaut. Un ami cher entre tous et dévoué nous avait procuré l'occasion de descendre dans une houillère importante « *Bois du Luc* » et de visiter l'établissement Bock frères à Kéramis ou La Louvière.

Du second établissement je ne dirai rien de neuf, sinon que l'outillage a subi depuis quatre ans une transformation importante. Les malaxeurs sont plus puissants ; ils sont mus par la vapeur et ils ressemblent au *Léviathan* de Verviers.

Une autre remarque, consolante aussi. L'industrie citée traversait une crise en 78, suite de la crise générale économique qui semble avoir atteint son apogée en 1876. La faïence de luxe, c'est-à-dire peinte, décorée, était abandonnée. Nous avons vu avec plaisir qu'une amélioration sensible s'est produite. Ces temps funestes ne reviendront-ils plus ? Qui oserait l'affirmer serait bien téméraire, et les crises elles-mêmes ne sont-elles pas destinées à produire de bons effets? Dans les voies de la Providence, le bien sort souvent du mal.

Voir le fond d'une houillère, les travaux de la mine, l'extraction, les galeries souterraines est certes une visite qui laisse une impression pour toute la vie.

Je ne comptais rien observer de neuf, moi qui étais déjà descendu une demi-journée dans la bure. Eh bien, je me trompais. D'abord dans le charbonnage que nous visitions, il n'y a pas de grisou, donc on descend avec des lampes découvertes, des lampes primitives, sans verres, de vulgaires *crassets*. (1) La descente se fit en une minute, quoique nous dussions nous rendre à 420 mètres, limite actuelle des travaux. Nous ne sentîmes point cette espèce de balancement que j'avais ressenti lors de ma visite à l'Espérance, balancement produit par l'élasticité de la corde d'aloès. Ici les cages plus petites sont guidées par deux câbles fixes en fil de fer ou d'acier qui vont du jour au fond de la bure. Les coussinets ou œillets de cuivre qui s'attachent aux berlaines pour enserrer les câbles se remplacent de temps en temps et ne s'usent pas trop vite.

---

(1) Sorte de lampe ressemblant aux lampes romaines. En Ardenne on la pendait à une solive du plafond.

La traction dans le fond de la bure se fait beaucoup à l'aide de chevaux. Dix-huit de ces auxiliaires étaient employés pour le moment ainsi que deux ou quatre baudets dans les galeries trop petites, trop basses pour permettre l'emploi des chevaux. Nous fîmes une partie du trajet de la bure à la taille en chemin de fer. Nous vîmes un manège mû par un cheval. Ce manège va bientôt être remplacé par une machine à air comprimé, qui permettra l'extraction sur une plus grande échelle.

Les deux *traits* ou service de jour et service de nuit ont pour mission, l'un de préparer l'abattage de la houille, d'enlever les terres, les pierres, de les replacer, de façonner les galeries, l'autre d'abattre la houille dans les parties indiquées par le trait précédent.

Je ne voulus point quitter la bure sans voir de près la machine d'épuisement. Je ne me figurais pas bien son mode d'action ; maintenant j'ai mes apaisements. Une tige unique flanquée à divers étages de pistons qui manœuvrent dans autant de corps de pompes qui élèvent par aspiration et par refoulement l'eau d'étage en étage, rien de plus simple, on le dit en trois lignes, comme vous voyez : rien de plus grandiose en même temps et de plus utile ; sans la machine d'épuisement on ne pourrait extraire à cette profondeur.

En route pour Mons, qui signifie montagne et se nomme Bergen en flamand. Il mérite ce nom relativement aux plaines qu'il domine. On a eu l'heureuse idée de construire le beffroi sur cette éminence ; on doit y jouir d'une vue générale du centre du Hainaut, d'une vue assez étendue.

Nous descendions surtout à Mons pour voir l'Eglise Ste-Waudru. C'est la première église que nous revoyions en pierre grise et dure ; elle nous rappelle St-Paul de Liège. Elle est immense. On la restaure avec intelligence. Un détail : un peuple de dragons décorent les gouttières des nombreuses chapelles qui ceignent le chœur. Ils nous semblent moins nécessaires en notre siècle de zinc, mais ils font un effet pittoresque ; ils cadrent avec le monument ; il lui manquerait quelque chose sans ces figures fantastiques.

La Grand'Place de Mons est une des plus belles places publiques que j'aie encore vues. Rien du cordeau, un œuf plutôt.

Pour prendre de l'avance, nous ne couchons point dans la capitale du Hainaut, nous allons loger à Péruwelz. De cette façon un des élèves pourra aller serrer la main à un ami d'enfance, et nous, nous ferons une agréable promenade dans les campagnes. Cela reposera si bien des fatigues de la veille dans les villes.

5ème Journée.

PÉRUWELZ, TOURNAI, AUDENARDE.

Qui se serait attendu à trouver une église immense à Péruwelz ? St-Quentin est à peu près bâti sur le modèle de l'Eglise St-Joseph (collège St-Servais) à Liège, mais elle est bien double de celle-ci dans toutes les dimensions. Les proportions sont bien gardées et l'effet des plus nobles.

On se ressent déjà du goût des arts qui tient au cœur des populations flamandes. Quatre grandes peintures couvrent les côtés libres du transept. Elles sont plus grandes que toutes les compositions que nous avons vues. Ces tableaux gigantesques ne sont pas sans mérite. Ce ne sont pas des Rubens, mais on devine le sujet du tableau de prime abord ; aucun détail n'offusque ; ce n'est point grotesque.

La petite ville de Péruwelz (qu'on prononce tout à fait comme Perwez en Brabant) était ce jour animée par son marché, bien fourni, bien approvisionné.

Notre promenade s'est portée vers le canal de Pommereul à Antoing. Rien de plus gracieux que ces berges verdoyantes. Comme le calme des eaux et des campagnes dispose à la rêverie !

5

Les moulins à vent sont nombreux en ce pays
de plaine. Cela va de soi. Voici un plant de
tabac : il n'a pas de bien longues feuilles. Aussi
ne se vend-il pas cher. Quelle bonne grosse mine
ont tous les paysans. Leur langage a déjà la vo-
lubilité du français.

Bientôt nous sommes à Tournai. L'Eglise aux
cinq clochers nous attirait. C'est une étonnante
merveille. « C'est bien la plus belle que nous
ayons vue, » disaient mes deux compagnons,
oubliant pour cet instant Ste-Gudule, Ste-Waudru. Nous laisserons aux spécialistes le soin de
détailler les beautés de ce brillant spécimen du
style roman, nous avons vu la merveille, nous
comprendrons plus facilement leurs déductions.

La station de Tournai rompt un peu avec les
traditions qui semblaient régner dans la construction partout la même (Liège, Louvain, Namur, Charleroi) des stations importantes.

C'est le style renaissance flamande qui domine
ici. Je lui donne sans doute la préférence sur les
décorations de théâtres des gares plus haut
nommées, mais j'aurais voulu donner aux bâtiments plus de hauteur encore.

Nous voilà traversant la Flandre pour atteindre
Audenarde où nous admirons le superbe Hôtel
de ville, le digne émule de Bruxelles et de Lou-

vain, quoique créé dans une petite ville. Quel joli balcon courant sur toute la façade ! Une haute tour terminée par une couronne dentelée s'élève au milieu et domine une immense place comme une grande ville seule pourrait en posséder.

Il est d'autres curiosités à Audenarde. Nous avons visité une église immense dont je ne sais plus le nom, et sur la foi de la *Belgique Illustrée* nous avons passé l'Escaut, plus petit que l'Ourthe malgré les pluies, et nous nous sommes trouvés devant l'église de Pamele. Combien ont raison ceux qui disent le *bijou de Pamele !* On restaure l'église, par les soins, je crois, de la Commission des monuments. C'est la plus belle *petite* église que l'on puisse rêver.

Quelques heures après, nous étions à Gand ; nous lui consacrons une journée.

6ème Journée.

GAND.

Monuments. Exposition de l'art Industriel. Rabot. Bassin. Etablissement Van Houtte.

L'église Ste-Anne se trouve près de notre hôtel Place de la station. Nous commençons par elle nos pérégrinations. C'est une église romane, sans piliers ; c'est hardi au possible. La décoration polychromée nous paraît réussie. L'église n'est plus embarrassée par les échafaudages : elle est plus belle.

De l'église St-Jacques on a raccommodé une des deux tours par une flèche en pierre qui paraît plus belle que sa sœur en bois. L'intérieur, comme toutes les églises en Flandre, est un vrai musée.

La place dite Marché du Vendredi ne m'a plus paru tout à fait aussi grande qu'il y a quatre ans ; peut-être parce qu'elle était couverte d'échoppes.

Van Artevelde (la statue) est chaudement vanté par M. Wagner ; cet excès de louange lui fait un tort sensible. Oh ! le prisme !

Après notre visite à Marguerite l'enragée (c'est le gros canon) nous allons vers le vieux *bourg* ou demeure des comtes de Flandre. M. Wagner nous conseillait de visiter l'intérieur. Eh bien, il faut être archéologue de race pour trouver quelque chose de beau, dans ce qui nous a été montré du moins. L'extérieur est assez imposant. Je me souviens que les élèves de la première excursion en éprouvèrent un frisson.

Le Marché aux Poissons est certes bien aménagé. L'entrée est décorée d'un Neptune qui est bien comme on se représenterait le Dieu de la mer.

Nous avons été de là voir une curiosité de

Gand, le Grand Béguinage, quoiqu'un Liégeois soit le fondateur de ces maisons de retraite pour les filles pieuses qui n'entrent pas en religion. (Lambert le Bègue, d'où béguin, béguines, bégards).

En cette année 1882, le grand béguinage n'est plus habité par les Béguines. Elles sont allées dans un Béguinage neuf bâti aux confins de la ville. Nous regrettons de n'avoir pu visiter le nouveau. Mais l'ancien nous a paru merveilleusement sain ; l'air se joue dans de grandes artères ; des arbres y sont plantés ; les maisons n'ont pas cette monotonie, cette symétrie presque insupportable des maisons des villes,

Allant au Béguinage, nous vîmes l'Eglise des Carmes qui ressemble à celle des Jésuites de Louvain. Nous vîmes encore St-Nicolas et St-Michel en nous rendant à l'Hôtel de ville.

Rien de changé ici, sinon que l'échafaudage nécessaire pour la partie gothique en réparation, cache la beauté de cet admirable morceau d'architecture.

Les salles intérieures ont excité comme d'habitude l'admiration.

Le Beffroi sollicitait nos jeunes touristes heureux de montrer les ressources de leurs mollets. Je les y ai suivis, mais le ciel était sombre et nous n'avons pas été payés des peines de notre ascension.

Descendus, nous entrons à St-Bavon où l'on venait de célébrer un service de 1re classe. L'église était jonchée de paille en signe de deuil. Plusieurs absoutes sont prononcées au milieu du chœur et au milieu de la nef. Encore une fois ici, nos jeunes compagnons croient tenir la plus belle église, et de fait on ne peut en nier la majesté. Si l'on passe aux détails, quelles richesses accumulées !

Nous sortons de là pour voir la place d'armes, le café des Arcades, le théâtre et le Palais de Justice. La grande salle des Pas-Perdus contient deux tableaux qui font une grande impression : une charge de cavalerie, par Wouverman, je crois, et la bataille de Poitiers avec le triomphe de Charles Martel sur les Sarrasins. Tout est intéressant dans cette immense toile, mais il semble que tous les épisodes ont la même importance. On n'a point attiré l'attention sur un groupe quelconque. Il n'y a pas l'effet scénique, l'unité, si je puis m'exprimer ainsi. Auteur : de Taeye.

L'après-dînée nous avons visité l'exposition d'art industriel qui nous ramène aux temps actifs actuels. L'exposition d'art ancien ne nous a point paru valoir celle de Liège 1881. Les salles du Casino où était installée l'exposition étaient merveilleusement disposées pour ce but.

A quelques pas du Casino se trouve la station du Rabot qui est l'extrémité du chemin de fer de ceinture de Gand. Nous prenons un train qui nous montre les bassins, les docks, les steamers prêts à partir pour Londres.

Nous descendons à Ledeberg par mégarde et nous finissons notre journée par la visite des serres et du jardin Van Houtte.

Pour gagner du temps, ce soir même nous couchons à Bruges.

7ème Journée.

BRUGES, BLANKENBERGHE, OSTENDE.

La grande attraction de cette journée était bien la mer, et nous pouvons nous vanter d'en avoir joui, mais nous avons dû quelque peu lui sacrifier Bruges.

La gare de Bruges encore en construction sera certainement bientôt le plus bel édifice de ce genre en Belgique. Rien d'aérien comme cette coupole en verre de forme ogivale ; les murs qui la supportent sont aussi sveltes. Rien d'élégant comme la petite tour ronde qui flanque le bâtiment du côté de la ville, quoique son utilité ne me paraisse pas visible pour le moment. La ville de Bruges était en fête, on recevait maintes sociétés, les pompiers se donnaient beaucoup de mal, des convois entiers de paysans arrivaient dans la ville ; en revanche beaucoup de citadins couraient à la mer ou à la campagne.

Je montrai l'Eglise St-Sauveur, les Halles sur la grand'place ; je n'avais garde d'oublier l'hospice de la Poterie, mais quelle déconvenue ! quand je me présentai pour la châsse de Ste-Ursule, on ne pouvait la voir ce jour-là en payant et il fallait attendre le flot du public qui ce jour est admis à visiter l'œuvre de Memling. Or le train nous emportait bientôt pour Blankenberghe, et comme nous voulûmes nous donner le plaisir d'une comparaison avec Ostende, toute la journée y passa.

La mer est souriante à Blankenberghe, majestueuse à Ostende. Les bains de mer, les visites à l'estacade, les courses de steamers, les promenades sur les dunes ou sur la plage se racontent-ils ? « J'y reviendrai, » était le propos de l'un des élèves, et il m'était impossible de ne pas m'y associer de tout mon cœur.

Nous avons passé 5 1/2 heures à Blankenberghe et 3 à Ostende. Nous avons logé à Bruges.

8ème Journée.

ANVERS.

Un train express nous emporte de Bruges par Eecloo, Gand, Lokeren, St-Nicolas. Nous prenons une idée des ressources de la Flandre. A neuf heures, nous sommes à la Tête de Flandre. Chargés de nos bagages, nous prenons une voiture découverte qui marche au pas et nous montre les nouvelles installations, les nouveaux quais, auxquels on travaille encore. Des steamers plus longs que les plus longues églises sont amarrés le long du fleuve; les cales sèches en contiennent d'autres en réparation, les divers bassins nous en montrent des milliers.

Nos deux élèves pourront raconter des merveilles de leur visite au Jardin Zoologique, car ils y sont restés une heure et demie. Nous traversons la ville en tram, nous montons à la tour de la Cathédrale, d'où se déchiffre si aisément l'échiquier d'Anvers.

Puis nous courons au Musée. Là, les Rubens, les Teniers se disputent notre admiration.

Des modernes (Keyser entre autres) la partagent aussi cependant.

Le musée Plantin n'a pas moins intéressé nos élèves.

Nous revenons à Notre-Dame ; on ne peut quitter Anvers sans avoir admiré la Descente de Croix de Rubens. Nous avons étudié attentivement une série de compositions honorables, formant un chemin de croix dans une chapelle latérale.

Pour venir à la Cathédrale, nous avions passé par l'Hôtel de ville, et, quoique l'on travaillât à l'intérieur, on voulut bien nous montrer la salle Leys. L'ensemble de ce salon me parut plus harmonieux que jamais.

Gagnant la gare par la place de Meir, nous entrons à la Bourse. Je la préfère à celle de Bruxelles. Je serais curieux de connaître le prix des deux monuments.

Que de choses j'oublie dans cette nomenclature rapide ! Le travail de Quentin Massis, la maison de Rubens, les stalles. de Notre-Dame. Je comprends qu'on leur préfère celles de Ste-Gertrude à Louvain, mais immédiatement après je placerais celles d'Anvers.

Ce soir nous couchons à Bruxelles pour jouir d'une représentation du grand opéra à la Monnaie.

9ème Journée.

Retour. Bruxelles. Tirlemont. Tongres. Visite d'une fabrique de papiers peints. Arrivée à Liège.

Cette dernière journée, nous traversons en chemin de fer les fertiles plaines de la Hesbaye par Louvain, Tirlemont, Léau, St-Trond, Tongres.

Vers Léau, on ne voit que des prairies où paissent..... de nombreux chevaux.

De St-Trond à Tongres et de Tongres à Liège, la Hesbaye limbourgeoise nous semble offrir un aspect plus agréable, moins uniforme que celui de la Hesbaye depuis Ans jusqu'à Bruxelles. Il y a un peu de relief, des prairies, des arbres fruitiers.

A Tongres, nous avons visité l'important établissement de M. Willems-Stevens qui fabrique des papiers peints d'une façon remarquable.

Rien de plus intéressant que cette fabrication. Notre guide s'exprimait en un français sobre et élégant. Il nous a montré les diverses façons de procéder : à la main et à la machine.

A la machine, la couleur est déposée par un rouleau où le dessin existe en relief en cuivre. Il faut un rouleau différent pour chaque couleur à déposer.

Cela marche avec une rapidité extraordinaire.

A la main, le dessin est porté par des planches de 0,60 mètre de longueur et 0,25 m. ou 0,50 m. de largeur, sur du papier dit de tapisserie. Il faut autant de planches que tantôt de rouleaux, autant que de couleurs. Cependant nous avons vu mettre deux couleurs à la fois, en formant des îles d'une couleur sur la toile qui porte l'autre couleur. Un apprenti renouvelle, rafraîchit à chaque instant ces couleurs.

Parlerons-nous de l'application du mordant, puis de l'or, puis d'une opération qui presse l'or, et enfin de l'enlèvement des paillettes perdues ?

Tout se fait au moyen de machines, comme la fabrication des papiers dits de velours pour lesquels on utilise les *tontisses* des fabriques de drap de Verviers.

Cette tonte du drap se fait au moyen d'une machine qui ressemble aux tondeuses des pelouses de nos villes.

Une heure après cette visite intéressante à une industrie nationale prospère, nous arrivions à Liège et nous étions rendus à nos familles vingt minutes plus tard.

La seconde excursion m'a prouvé que les prévisions de dépenses ont été admirablement calculées. Comme d'habitude, j'ai abandonné 10 fr. aux élèves ; nous avons prolongé notre voyage d'une demi-journée, surcroît de dépense, mais nous sommes rentrés avec 3 francs seulement.

J'ai eu la satisfaction de recevoir les remercîments de mes deux compagnons de voyage. Pour moi, j'ai été on ne peut plus content d'eux durant tout le voyage.

15 sept. 1882.

3ème Excursion. — Paris.

1886.

J'AVAIS quarante ans, lorsque je vis Paris pour la première fois. Pourtant une de mes sœurs y est établie depuis dix-sept ans ; j'ai un frère attaché à la Cie du Chemin de fer du Nord ; n'importe, deux Expositions universelles avaient passé, 67 et 78, et je n'avais point vu Paris.

Ce n'est point que l'idée de voir la merveille ne m'eût hanté souvent, et j'en avais étudié le plan comme les monuments..... à distance. Mais les nécessités de la vie matérielle, les devoirs nombreux embrassés m'avaient empêché jusque là de réaliser mon désir, mon rêve.

Je fus donc agréablement surpris, lorsque le Directeur m'apprit qu'il m'avait désigné pour l'accompagner à Paris et diriger sous lui l'excursion scolaire qui remplace dans notre école la distribution des prix.

Quoique nous fussions nombreux (28 pers.),
mes fonctions n'étaient nullement absorbantes.
Monsieur le Directeur connaît Paris aussi bien
que Liège ; il dirigeait tout, et je n'avais qu'*à ou-
vrir les yeux.* Je n'y manquais pas, je vous
assure.

Je veux maintenant tâcher de refaire cette
excursion en la racontant.

Suivons l'ordre chronologique.

Le point de départ et le centre de réunion était
la gare des Guillemins ; le jour et l'heure fixés,
3o août, 9 heures du matin.

Tous les élèves et les professeurs qui nous
accompagnaient étaient au poste. Ils se souvien-
dront longtemps du soleil qui brillait ce jour-là
et les suivants, et de la chaleur tropicale, vraiment exceptionnelle pour l'époque, qui en ré-
sultait.

Nos jeunes gens étaient joyeux et dispos, et que
ne peut l'entrain de la jeunesse sur celui qui
l'aime ! Je me vis à Paris, malgré les douze
heures que dure le trajet, plus tôt que je ne
l'aurais pensé, tant je m'étais plu en leur compagnie.

Il est vrai que l'on avait eu une heure de
répit à Charleroi ; nous y avions pris de la bière
et entamé nos provisions.

En approchant de Paris, le nerf olfactif fut of-
fensé de certaines odeurs qu'on ne nomme point.

Il est à croire que le quartier qui entoure la tête
de ligne, n'est point pourvu d'égoûts, et par sa
hauteur ne dispose pas d'eau en quantité suffisante. Plusieurs personnes m'avaient parlé de
cette circonstance peu intéressante et j'éprouvais
quelque appréhension d'entrer dans Paris. Pour
être juste, je dois reconnaître que je ne m'aperçus
plus de cette odeur nulle part dans Paris, et
même lors du retour, la gare du Nord et ses
abords ne m'en semblèrent plus infectés.

Une fausse manœuvre, un sot scrupule nous
fit descendre à l'octroi, où nous aurions perdu
beaucoup de temps, quoique n'ayant rien à dé-
clarer. Heureusement je trouvai ma sœur, puis
le directeur qui nous attendait ailleurs, et nous
sortîmes du trébuchet.

Tous n'est pas le vrai mot, car nous laissâmes
là M..., sa grande malle et sa fortune. Descen-
dant la rue La Fayette, nous trouvâmes à deux
pas un petit restaurant où le dîner nous attendait.
On s'aperçut alors de la perte que nous avions
faite, et nous allâmes repêcher le retardataire. Il
était dans une désolation facile à concevoir,... et
si j'en ris maintenant, je n'en avais nulle envie en
le revoyant.

Le *souper* fini, — car il est entendu à Liège
qu'on ne dîne point à 10 heures du soir, — nous
gagnâmes nos pénates temporaires. On avait
retenu pour nous vingt-six chambres contenant

vingt-huit lits dans deux hôtels de la rue Bergère et dans un de la cité Bergère. Les cités, à Paris, sont des impasses ou des rues moins importantes que les autres artères, quelquefois fermées le soir.

L'impression que nous reçûmes de notre entrée dans Paris, ne fut pas supérieure à ce que nous attendions. Hautes maisons, larges rues, mais beaucoup de magasins fermés, de maisons à louer. Je crois que le lundi beaucoup de commerçants se donnent congé, sinon cet aspect ne témoignerait pas d'une prospérité remarquable.

𝔐𝔞𝔯𝔡𝔦, 31 𝔄𝔬û𝔱.

Quoique le lever fût fixé à 9 heures, nous partions, E. P. et moi, à 6 3|4 h., pour la rue de l'Odéon. Il s'agissait de consulter un orthopédiste. Si nous l'avions trouvé chez lui, nous serions rentrés en voiture à l'hôtel, avant que personne ne l'eût quitté. Un quart d'heure à peine nous en séparait. Mais il n'en fut rien. Quand nous rentrâmes, tout notre monde était sorti, on était allé déjeûner, *rue du faubourg Montmartre, ou Boulevard Montmartre, ou rue Montmartre,* l'hôtel ne le savait pas. Il ne s'agissait que de *monter* le faubourg Montmartre. (Je crois que cette expression s'entend pour s'éloigner du centre de la ville, car vu qu'on monte un peu pour gagner le boulevard, c'est *descendre* qu'il faudrait dire pour gagner le faubourg.) Bref, nous ne trouvons rien. En voiture, le cocher ne trouve pas plus que nous. Enfin, après un quart d'heure d'angoisse, nous dénichons notre monde dans une crêmerie presque imperceptible. Ils étaient blottis au premier.

M... nous sauva l'honneur ; il avait oublié de se lever, lui, si nous nous étions levés trop tôt.

On part, on se dirige vers les Halles centrales : même disposition que dans celles de Bruxelles avec des dimensions plus gigantesques. Nous parcourons quelques pavillons, observant les produits qui parfois nous intriguent, comme l'aubergine ; observant aussi, sans trop en faire paraître, ces respectables dames, professeurs de belles-lettres pour Malherbe ; nous essuyons quelques coups de langue. Pourtant je ne leur porte point rancune : leur physionomie est franche, la santé riche, le geste vif, la verve débordante et cependant polie. Cela ne tient-il pas à la liberté de la profession ? Ces gens sont les plus indépendants qu'il y ait sous le soleil. Je crois aussi trouver des cœurs sous ces larges poitrines, et l'on raconte en effet mille traits qui le prouvent.

Puisque je suis à parler des Parisiens et des Parisiennes, je tiens à reconnaître que j'ai trouvé partout cette rondeur, cette aisance, cette absence de morgue mais non pas d'esprit qui fait aimer le commerce de ces gens. L'intérieur de la ville est habité par une élite sans doute, mais la population des faubourgs, les ouvriers même et leurs femmes offrent des types plus gracieux que les nôtres. A voir aussi la simplicité, la modestie de leurs vêtements, nous ne pouvons croire que le genre cocodès et son féminin, plus nombreux cependant, fassent une grande fraction de la population parisienne.

Mais reprenons notre course. Près des Halles se trouve une église immense, l'église St-Eustache, un peu de forme gothique en la voyant des Halles, mais on a remplacé l'ogive par le plein centre à la Renaissance. On dit l'intérieur vaste et bien illuminé. Je m'en assurerai dans une visite prochaine où, étant seul cette fois, je verrai surtout les édifices religieux.

Nous passons le Pont Neuf qui s'appuie sur l'extrémité de l'Ile de France où se trouve la statue de Henri IV. Ce pont est donc jeté sur les deux bras de la Seine ; une partie, celle qui touche à la rive gauche, est en réparation. Elle a montré quelque velléité de s'écrouler. C'est ce qui a provoqué la visite des fondations de nos ponts à Liège, par les soins du Génie.

Nous longeons les quais aux bouquins, passons devant la statue de Voltaire, l'hôtel des Monnaies, la Bibliothèque, l'Institut des 5 académies, et par la rue Bonaparte nous sommes à l'Ecole des Beaux-Arts. Comme il n'y avait pas de guide pour nous conduire en ce moment, à cause de la manifestation de Chevreul le centenaire, nous nous proposons d'y revenir et nous nous dirigeons vers le Musée et le Palais du Luxembourg.

En chemin, nous passons devant St-Germain des Prés, mais nous n'y visitons point la cendre de Boileau. J'espère bien un jour y faire un pèlerinage.

Saint-Sulpice nous arrête davantage. Sa façade imposante, double colonnade flanquée de deux hautes tours un peu inégales, n'offre pas moins de 56 mètres de large. Pour l'admirer, nous étions sur un square vis à vis de l'église. Une belle fontaine, comme on en voit beaucoup dans Paris, servait à entretenir *en ces lieux une délicieuse fraîcheur*. Justement Fénelon nous contemple avec Bossuet, Fléchier, Massillon.

Nous voilà sous les beaux ombrages du Luxembourg. Nous renonçons à en faire le tour et jouissons seulement de la perspective vers l'Observatoire. Nous faisons notre entrée au Palais, beau et noble monument datant de la Renaissance.

Une chose frappe dans la visite des monuments de Paris : c'est le parfait état de conservation de chacun d'eux. Au premier abord, la matière dont ils sont uniformément sortis, la pierre de sable ou de France, nous inspire un peu de mépris, à nous qui connaissons la pierre bleue et le granit; mais nous nous raccommodons avec elle, quand nous voyons qu'elle permet de restaurer les monuments à peu de frais. — De son côté, le peuple respecte ces chefs d'œuvre de l'art. On ne verrait pas un bout de papier dans les cours, c'est bien loin d'y trouver des ordures.

Un grand nombre de statues sont répandues partout, sur les édifices, dans les jardins, sur les fontaines. Il en est peu qui soient sans valeur, toutes sont dans une noble attitude, et il faut descendre jusqu'à nos jours pour trouver un Diderot accroupi. Quand on voit tous ces moyens de vulgariser le grand art, on n'est plus étonné du goût que révèlent les créations parisiennes les plus infimes, les dessins des caricaturistes comme le travail de la mode. Le beau entoure l'artiste, le travailleur dès sa naissance. Il vit dans un monde cosmopolite, celui de l'antiquité, du bon goût.

Cette éducation a un autre effet. C'est que leurs œuvres, s'inspirant du génie cosmopolite plutôt que du génie national, sont propres à plaire à tous les hommes cultivés et se répandent aisément aux quatre coins du monde. Enfin le centre intellectuel, artistique de Paris favorise aussi les talents.

Nous entrons au Luxembourg, où siège maintenant le Sénat dans une salle en hémicycle parfaitement appropriée à sa destination.

Nous déplorons quelquefois l'amertume de certaines discussions, leur longueur....eh bien, pour le guide qui nous explique l'aménagement de la salle, la place des ministres, celle du Président, des secrétaires, des sténographes, de la Presse, des sénateurs, du public..... rien n'égale une bonne *prise de bec*. Oh ! il sait bien le nom de ceux *qui se battent.*

On nous avait montré d'abord un salon de Napoléon III, quand il venait au Luxembourg. C'était le premier que nous voyions à Paris ; étincelant de dorures, il nous plut. Mais comme en parcourant l'édifice, on eut l'occasion de nous montrer la *salle des fêtes* — sous l'empire, la salle du Trône, — nous oublions bientôt devant cette magnificence le petit salon de l'entrée en scène. Faite depuis 1856, la *salle des fêtes*, grande comme une église, a un cachet de jeunesse et de bon goût inimaginable.

Comment se fait-il que le salon de Marie de Médicis, qui date de plus de deux siècles, paraisse d'hier et nous plaise encore après la Salle des fêtes, si grandiose ? Ce sont sans doute les peintures des élèves de Rubens qui ne vieillissent point, la bonne ordonnance des lieux.....

La Chapelle du Sénat, quoique bien décorée,

perd par la comparaison avec ces deux merveilles.

L'estomac réclamant ses droits, nous le satis-
faisons à deux pas de la façon dont on le satisfait
en voyage, et à Paris. Notre ordinaire se compo-
sait d'un léger déjeuner et de deux dîners de fête,
à midi et à 6 heures. Un potage, deux viandes,
deux légumes, un dessert, du pain, du vin, du
cidre !

Réconfortés, nous retournons au palais que
nous venons de quitter, pour visiter le musée
moderne qui s'y trouve logé.

La sculpture occupe à l'entrée deux immenses
galeries où des marbres de toute beauté se disputent notre attention et notre admiration. Malgré cela, on est attiré par la grande peinture que
l'on aperçoit au fond. Je ne voudrais pas de
meilleure preuve de la supériorité d'un art sur
l'autre. Mais aussi c'est un tableau de choix, une
œuvre historique : *Les Romains de la décadence*,
par *Couture*. On n'oubliera point cette orgie.
Quel trait de génie, d'opposer les vieux Romains
en marbre et en bronze aux Romains dégénérés !

A côté de Rosa Bonheur, cette amie des bêtes,
nous apercevons Bouguereau et Cabanel, puissants en œuvres, différant d'idéal comme Raphaël et Michel-Ange. Regnault et Robert-Fleury
nous disent aussi que l'art a encore ses favoris.

De tout ce qu'il y a de plus moderne, puisque le Musée du Luxembourg est réservé aux contemporains, nous passons au Musée de Cluny, musée archéologique, sorte de Porte de Hal ; là, comme à Bruxelles, on a eu la main heureuse, le cadre y est : cette bonne vieille abbaye convient pour loger tous ces vieux représentants du passé. Une partie du palais de Julien l'Empereur subsiste encore : ce sont les *Thermes*, construction romaine en très bon état.

Un jardin frais comme on en voudrait voir partout dans Paris, quoiqu'il n'en manque pas, entoure le Musée. Nous nous reposâmes là, à l'ombre, de la fatigue réelle que nous avait causée notre pérégrination à travers les monuments du moyen-âge, tryptiques, calvaires, tapisseries, œuvres qui montrent bien l'exubérance d'imagination de ces artistes patients et pleins de foi.

Chaussures, bijoux, voitures, vaisselle avaient à leur tour cherché à captiver nos regards, sans toujours y parvenir.

Pour terminer la journée, on s'en alla, par le boulevard St-Michel, faire le tour de l'Ile-de-France, afin de juger de l'extérieur des monuments de ce berceau de Paris qui en est resté le cœur.

On avait bien employé sa journée, on avait mérité de dîner et de se reposer.

Quelques professeurs allaient à la Comédie

Française. Ils ne furent pas trop contents de leur visite. La pièce, d'un auteur moderne, ne se supportait pas dans le temple de Molière. L'interprétation, le jeu excellent des acteurs grossissait les défauts.

Ainsi en est-il du professeur lisant un devoir d'élève ; si ce devoir est mauvais, il devient détestable.

Mercredi, 1er Septembre.

Notre journée fut consacrée tout entière au Louvre et à ses collections, et nous ne pûmes pas tout voir.

Le palais avec ses jardins, ses cours intérieures, occupe une surface de près de vingt hectares. J'y comprends l'emplacement des Tuileries.

Il est curieux de suivre la naissance successive de ce tout harmonieux. Les monuments sont souvent gâtés par ceux qui les restaurent ou les agrandissent. (Exemples : l'hôtel de ville de Gand, le palais des Princes-Evêques de Liège). Ici, rien de pareil. Les successeurs ont étudié l'œuvre des devanciers, avant de s'aventurer à y porter une main téméraire.

Quatre princes surtout et quatre architectes ont travaillé à ce monument depuis François Ier jusqu'à la République actuelle.

CATHERINE DE MÉDICIS,..... et Pierre Lescot ;
LOUIS XIII,............... ,..... et Lemercier ;
LOUIS XIV,.............. ,..... et Perrault ;
NAPOLÉON III,.......... ,..... et Visconti.

Il est merveilleux, dis-je, de voir comment d'un œuf modeste est sortie cette énorme poule de Houdan, sans que les proportions en souffrent; on ne voit pas qu'on pût faire autrement.

La vue se repose sur ces constructions immenses, mais nobles et harmonieuses, variées et symétriques.

La partie la plus admirée est encore le vieux coin de Pierre Lescot; il m'a paru que là, l'architecture restait mieux dans son rôle et empiétait moins sur la sculpture.

Comment raconter ensuite notre visite à l'intérieur ?

Courant d'abord aux belles choses, nous avons vu les spécimens de l'art grec, la Vénus de Milo, les autres Vénus, les Apollons, les Junons antiques. Passant à l'art romain, plus à la portée des non initiés, nous avons compris que c'est là un art inférieur, imitation de l'autre, moins philosophe, plus proche du portrait. Il y a encore de belles choses « un orateur » par exemple.

Le cadre parfois sévère, surtout pour les antiquités grecques, s'enrichissait souvent d'un plafond où les modernes semblaient vouloir disputer la palme à leurs devanciers.

A quelques pas de ces immortels chefs-d'œuvre de l'art grec et romain, nous avons vu des reproductions faites de mains d'*ouvriers* et la traduction valait presque l'original. Rome se trouve ainsi en partie au Louvre.

Nous voici au Musée de peinture. Nous nous renfermons jusqu'à midi dans ce *salon carré* qui est comme le résumé du musée, parce qu'il contient une ou deux œuvres de chaque grand maître. Memling, Rembrandt, Rubens coudoient Raphaël, Léonard de Vinci, Paul Véronèse, Murillo, Velasquez, le Titien.....

Ce salon peut vous retenir longtemps. Vous passez de merveille en merveille dans des genres différents. Il me semble qu'il en résulte moins de fatigue.

Après le déjeuner, rue Vivienne, nous retournons au Louvre, dans la grande Galerie. C'est là que nous voyons la précieuse suite de Rubens composés à la gloire de Marie de Médicis, veuve de Henri IV. Nous y prenons une haute idée de la fécondité, de la force de composition du chef de l'Ecole flamande. Quelle variété de plans ! quelle vie riche ! quelle noblesse en même temps.

A la vue de cette épopée, Rubens s'empare de

vous et vous fait oublier ces écoles italienne et hollandaise si bien représentées cependant. Un Titien, un Murillo, un Rembrandt ne sont pas absorbés complètement ; il s'en faut peu. Nous passons à l'école française. Nous voyons une suite de Lesueurs. Ici l'esprit domine la matière et l'histoire est traitée avec distinction, mais que cela paraît maigre, quand on a vu Rubens !

Nous allons dîner près de la Bourse où était notre rendez-vous habituel pour ces vulgaires opérations, — quand on a vu Raphaël —, et le soir nous allons « *aux Français* » comme on dit encore, entendre Tartufe et du Musset : « *Il ne faut jurer de rien.* »

La Comédie Française est grecque sur toutes ses faces, à l'extérieur. A l'intérieur, c'est un joli petit théâtre, merveilleux d'acoustique, me semble-t-il. On entre dans un promenoir assez frais, ce qui n'est pas à dédaigner par la température que nous avons.

La salle elle-même est très proprette, décorée dans un goût sévère et riche à la fois. Comme le théâtre a peu de frais en somme, et fait bien ses affaires, tout y est soigné jusqu'aux décors, d'une fidélité scrupuleuse, d'une fraîcheur délicieuse (comme celui que nous avons vu représentant les alentours d'un château) ; scène spacieuse pour le théâtre.

Quelle fête pour nos jeunes gens qui avaient

lu Tartufe en classe ! Ils allaient voir apparaître le monstre, et cette énigme d'Orgon. Pour Mme Pernelle, vieille femme qui s'est aussi coiffée de Tartufe, on comprend sa folie, on l'excuse à son âge,.... mais Orgon !

Je n'ai pas été content de la servante, un des rôles les plus importants et qui était joué par une artiste de talent. Mais elle le savait, ce rôle, trop avantageux pour sa personne. Toutes les femmes n'ont pas le courage, l'abnégation, la persévérance d'un Talma, d'un Got, pour s'incarner dans un rôle. Sous Dorine la servante, on sentait trop Melle Montaland. Son débit était chanteur, récitatif, ne respirait pas le vrai.

Orgon a débuté en tragédien plutôt qu'en personnage de comédie. Ses trois « *Et Tartufe* » au contraire, dans la fameuse scène du début, il les disait en riant. J'aurais voulu un intérêt réel, absorbant, à preuve qu'Orgon, pour Tartufe, en vient à oublier sa femme. Dans cette scène, Mlle Montaland parlait si vite et avec si peu de sincérité, — ni amertume ni colère, et il en faut, — qu'on eût dit qu'elle avait hâte de finir cette maudite scène dont elle faisait tous les frais. Dame ! la chaleur était excessive, et peut-être que nous sommes bien près du vrai.

Tartufe était grossier et je pense qu'il en est moins dangereux. Il y a des Tartufes plus à la mode et qui feraient des dupes. Celui-ci n'inspire point ces craintes.

La scène de la tentative d'adultère n'a pas été plus scabreuse qu'en classe, à la lecture, au contraire. Ces artistes de la Comédie Française se respectent et un geste anticipé de la femme à son mari caché sous la table, a sauvé la situation, rassuré toute pudeur.

Bref, excellent ensemble, vraie fête de l'intelligence que nos élèves ont goûtée et accueillie de leurs bravos, emportés qu'ils étaient par la claque. Je crois qu'ils eussent applaudi tout de même, si ces compères n'eussent été là, mais grâce à eux, il y avait plus d'entrain, plus d'ensemble. Je ne sais si je me trompe sur les figures des acteurs, il m'a paru que nos éloges leur faisaient plaisir.

Musset est assez spirituel pour se jouer sur les planches de la Comédie Française. Son petit proverbe « *Il ne faut jurer de rien* » est sans doute bien vide dans ses trois actes. Mais au milieu de perpétuelles rentrées et sorties qu'on ne pardonnerait pas à Racine, comme les cinq personnages sont vivants ! Peut être pour être juste, faut-il faire la part de l'interprétation qui était excellente ; mais *ce négociant enrichi*, honnête en morale comme dans les affaires, n'ayant qu'un faible pour la table et le vin, affligé d'*un neveu* qui a trop vécu, trop lu de romans pour croire à la vertu des femmes, qui ne veut pas se marier, craignant des retours vengeurs de la fortune, qui fait de son avenir une gageure, — qui n'est point corrompu cependant, puisqu'il cède devant le charme de l'innocence, — ce *cœur neuf* de jeune fille, qui s'enflamme sur les plus légers indices d'amour, qui ne s'offusque de rien, protégé par sa grande ignorance du mal ; enfin ces deux personnages secondaires, *la baronne* et *son abbé*, nous ont occupé le reste de la soirée, — et maintenant encore posent là devant moi. Le résultat, on le devine, c'est que le Lovelace venu pour séduire est séduit lui-même et qu'il se mariera.

Il y avait une scène d'amour sous les auspices de la Lune qui pouvait effaroucher la pudeur. les yeux. Elle a été jouée supérieurement, de façon à écarter ce péril. Un banc de mousse placé bien près de la scène, éclairé par les feux de la rampe, et le dialogue purifié par les mots candides de la jeune fille, sauvaient la situation de la façon la plus complète, la plus heureuse.

Je m'arrête longtemps devant ces souvenirs, ces impressions fugitives. C'est que cette belle séance, cette audition n'est pas un des moindres attraits de notre voyage à Paris.

En fait de goût, nos élèves apprendront à distinguer entre le ton de la Comédie Française, si calme, si naturel, si vrai, et celui des cabotins pleins d'exagération, quand ils ont du talent.

Ils ont pu voir les plus grands noms de la Société qui exploite la Comédie Française, un Got,
par exemple, se charger d'un rôle infime, ingrat,
et le jouer sans relâche, sans s'oublier un instant,
fût-ce dans la façon de déplier et de replier un
mouchoir de poche. Ils ont vu comme tous les
acteurs sont présents à la scène, s'étonnent, s'api-
toient, écoutent, inventent, jouent en un mot,
quand ils ne parlent pas.

Nous nous étonnons parfois de l'importance
donnée aux acteurs de talent sur la grande scène
de Paris. Je crois que c'est à la Comédie française
qu'ils doivent ce prestige, aux bonnes traditions
qui y règnent ; l'ombre de Corneille et de Molière les protège.

Jeudi, 2 Septembre.

Plus d'une fois dans les deux précédentes jour-
nées, nous avions dirigé nos pas vers les jardins
des Tuileries et des Champs-Elysées. Nous y
étions allés le jour, nous y étions allés le soir, et
le coup d'œil était toujours superbe. C'est une
place unique en Europe.

Ce matin, nous gagnons la place de la Concorde *(ce nom efface celui de Révolution qui était
devenu sinistre)* par le Boulevard des Italiens, la
rue de la Paix, une des plus belles rues de Paris ; nous voyons la colonne Vendôme, noble et

puissant monument, symbole du régime du fer, du sabre plutôt que de la Paix et de la culture des arts. La place Vendôme a le même cachet de sévérité.

Nous étudions l'Obélisque de Louqzor et les deux belles fontaines qui l'escortent. Nous passons le pont de la Concorde près duquel était amarré le chêne préhistorique que nous avons vu aller à l'Exposition d'Anvers, puis revenir à la Batte à Liège ; nous voyons devant nous le palais Bourbon où siège la Chambre des députés ; prenant le quai d'Orsay et remontant la Seine, nous passons devant le Palais de la Légion d'honneur, puis devant les ruines de la Cour des Comptes incendiée par la Commune.

Nous voilà, non sans peine, à la rue Bonaparte ; après nous être rafraîchis, nous entrons à l'Académie des Beaux-Arts. — « Eh ! quoi, après avoir vu le Louvre ? » — Oui, après avoir vu le Louvre, car ici c'est un autre Louvre, un Louvre d'études.

N'attendez pas que je vous en détaille les richesses pas plus que de l'autre, elles y sont cependant mieux classées. Je ne dirai donc que ce qui m'a frappé.

La cour d'entrée est spacieuse, et offre, comme il convient à un vestibule du Temple de l'art, de beaux spécimens de l'architecture gothique ou de la Renaissance, une colonne antique, une fresque

en porcelaine superbe. C'est la copie d'un tableau
de Raphaël qui est au Louvre. On dépense des
sommes énormes pour fabriquer des tapisseries
reproduisant des tableaux immortels, et qui le
deviendront surtout passant par cette forme inal-
térable ; je ne regrette point cet argent ; je pense
qu'on pourrait aussi cultiver la céramique artistique colorée, comme on le voit ici dans Dieu le
Père, bénissant le monde. Quel effet ne fait pas
dans la cour cette fresque étincelante ? A la hauteur où elle est placée, c'est aérien et visible en
même temps. Je voudrais surtout ce produit pour
mon pays, rebelle au stuc.

La façade du château d'Anet, offrant trois
rangs de colonnes superposées dans l'ordre voulu
par la solidité, fait le plus bel effet aussi dans
cette cour. Mais avançons. La collection des
moulages de l'antiquité rassemble les richesses
du *monde* dans certaines cours vitrées. Ailleurs
ce sont des *modèles* qui nous transportent en vue
de la Tour penchée de Pise, au milieu du Coli-
sée à Rome, ou des arènes de Nîmes.

Nous pénétrons dans une chapelle avec des
moulages des plus beaux monuments religieux,
chaires de vérité, candélabres, jubés.

A la galerie de peinture sont des copies des
grands maîtres de chaque école, et comme
ces copies ont été faites par des prix de Rome,
des hommes de grand talent, je n'oserais affir-

mer que pour nous profanes, certains de ces
tableaux ne nous plairaient pas mieux dans la
copie que dans l'original. Chaque maître est ici
représenté par son chef-d'œuvre. Enfin ces
tableaux sont exposés dans le meilleur jour.

Paul Delaroche s'est immortalisé ici par une
belle fresque en cire qui décore la salle des distri-
butions de prix. Soixante-quinze peintres, sta-
tuaires, architectes de toutes les nations, plus
grands que nature, sont groupés là avec la même
aisance, la même dignité que Raphaël en déploie
dans l'Ecole d'Athènes.

Nous sommes entrés dans les salles assez sombres qui sont les ateliers des chefs d'école ; c'est
de ces antres que sortent des chefs-d'œuvre de.
grâce et de fraîcheur.

Dans une salle on voit les portraits des anciens
professeurs de l'académie ; ailleurs sont expo-
sées les œuvres qui ont mérité le prix de Rome
à leurs auteurs.

Dans une cour semblable à un cloître (il m'a
rappelé celui de Ste-Gertrude à Nivelles) un monument est élevé à Regnault et à ses compagnons
artistes tués pendant la guerre de 1870-71. La
guerre est toujours cruelle, mais quand elle
tranche les jours d'un artiste de cette valeur, elle
paraît plus féroce, plus inepte....

L'excellente disposition des chefs d'œuvre renfermés dans ce musée vivant y est sans doute

pour quelque chose, car j'en suis sorti charmé et non fatigué.

Nous y avions passé pourtant toute la matinée.

On déjeune, et un évènement extraordinaire quoique longtemps attendu et désiré, survient. On ne voulait plus croire à la pluie.... et il pleut.

Malgré la pluie, nous courons à la Sainte Chapelle, dont on aperçoit de loin la flèche élégante.

Cette fois, après avoir vu ce bijou de l'art gothique, ces verrières surtout de l'étage supérieur, où vous cherchez la pierre, tant il y en a peu, je me disais : « Maintenant on peut s'en retourner. J'ai assez vu de Paris. » Que de fois encore je devais me répéter cette impression dans la suite de notre excursion !

J'avais entendu comparer la Ste-Chapelle à une châsse, mais où est la châsse qui peut se comparer à ce noble bijou ? L'effet superbe dépasse toutes les prévisions.

Si vous analysez les verrières qui paraissent uniformes, aux couleurs douces mais un peu diffuses, vous apercevez des scènes remarquables, vivantes. Nous n'avions pas le temps d'étudier tout cela, et dans notre admiration enthousiaste, nous refusons même de voir le Palais de Justice qui contient la Ste-Chapelle et qui a des salles monumentales cependant, — et nous allons à Notre-Dame.

C'est pour moi la plus grande et la plus belle église que j'aie vue. Non, nulle part je n'ai trouvé une si belle unité, tant de majesté, une si belle alliance de la lumière et du sombre propres à la foi et au recueillement. Où verrez-vous comme ici une galerie capable de loger tout un peuple, un chœur accessible de tous côtés ?

Mais il faudrait une journée pour détailler le monument, s'il ne faut qu'un instant pour juger de ses belles proportions, de sa réussite complète. Que l'on y aille donc pour en avoir une idée plus parfaite.

L'Hôtel-Dieu n'a rien de remarquable au point de vue architectural. Façade d'une uniformité... monotone. Peut-être que le voisinage de Notre-Dame lui nuit considérablement avec sa façade fouillée, travaillée, gothique en un mot.

L'Hôtel de ville au contraire nous offre une riante perspective. Il est riche et flambant neuf. Les statues qui décorent les toits fort découpés sont un peu maigres ; on dirait des bibelots de Nuremberg, des girouettes même. La dorure les amincit encore, si possible. A part cela, j'aime bien l'Hôtel de ville qui est comme un mélange du gothique et de la Renaissance, et qui rappelle l'architecture flamande.

Nous prenons le bateau sur la Seine à deux pas de l'Hôtel de ville et nous allons au Jardin des plantes.

Nos élèves ont pu s'y promener à loisir. A sept heures, ils sont retournés par le Panthéon, et après avoir dîné au quartier général, ils ont été visiter le musée Grévin.

Il faut croire que cette visite les a intéressés, car ils m'en ont beaucoup parlé. C'étaient d'abord des surprises causées par des trompe-l'œil, des excuses faites à des mannequins, des têtes baissées donnant dans des glaces, puis la chair de poule gagnée par la vue de certaines horreurs.

Pour moi, à 6 heures, j'étais allé du Jardin des Plantes à Vincennes. Je passai la soirée avec ma sœur et son mari. Je m'y reposai aussi, car je commençais à traîner l'aile. Pour revenir à notre hôtel, j'utilisai le service d'omnibus. Mais la distance est longue, et les chevaux fatigués à cette heure n'avancent pas vite. N'importe, j'arrivai sans encombre. Je dois dire d'ailleurs que je n'ai pas vu un accident de voiture sur les six jours que nous avons passés à Paris ; pourtant nous allions toujours à pied.

Vendredi, 3 Septembre.

Ce matin la température ne paraît nullement refroidie par l'orage d'hier et la pluie qui l'a suivi.

Mais nous sommes *entraînés* maintenant, et nous allons toujours.

Donc nous traversons le Palais-Royal, ses boutiques un peu déchues, son jardin fréquenté, sa fontaine toujours belle : quinze ou vingt jets puissants en éventail, gerbes aussi hautes que les arbres qui l'entourent. Nous enfilons les Tuileries (jardin) pour prendre le Pont Royal. Nous suivons le quai d'Orsay ; nous arrivons à l'Esplanade des Invalides qui n'occupe pas moins de vingt-cinq hectares. Elle est entourée de plusieurs rangées d'arbres, sous lesquelles nous nous reposons en attendant l'heure d'entrée.

L'Hôtel, prytanée militaire, a grand air, quoique datant de loin. Montesquieu trouve grande aussi la pensée qui a créé ce monument.

L'Hôtel est visible dès onze heures, tandis que l'église ne s'ouvre qu'à midi. Nous passons la première heure à inspecter les pièces les plus importantes du musée d'artillerie, canons, obusiers, pierriers de siège, qui paraissent encore terribles dans leur repos.

Nous nous initions même un peu à la vie et au ménage des Invalides, nous voyons leurs jardins coquets, leur cuisine et leur réfectoire immenses... mais midi sonne et une nouvelle vermeille s'étale devant nous. Cette belle façade de l'Eglise des Invalides sur la place Vauban, nous promettait déjà un noble et bel édifice, mais la vue inté-

rieure du Dôme et du Tombeau de Napoléon dépasse toute promesse comme toute espérance.
C'est là une de ces belles choses qui surpassent
les efforts de l'imagination ordinaire et qui ne
peuvent être créées que par le génie.

La photographie est impuissante à reproduire
la beauté de ce monument. Je ne l'essayerai pas
davantage. Je pense ici que Napoléon n'eût pu
rêver un tombeau tel que Louis Philippe le lui a
donné, compromettant ainsi sa dynastie et son
règne même.

L'église St-Louis n'est pas trop indigne de son
dôme, et comme le tombeau de Napoléon, est
tapissée de drapeaux pris sur l'ennemi et disposés
en trophées.

Nous n'avions que quelques pas à faire pour
nous trouver au Champ de Mars, non pas de
ceux que fait le lièvre aux abois, mais des pas
modestes de touristes et de promeneurs.

Nous voilà devant cette immense plaine pou-
dreuse, contenue entre deux avenues assez maigres, — qui a vu les revues sous tous les régimes,
la Fête de la Fédération en 1790, le Champ de
Mai de 1815, etc., et les expositions de 1867 et
1878. Double déjà de l'Esplanade des Invalides,
elle trouve un prolongement naturel sur la rive
droite de la Seine dans le palais et le square du
Trocadéro.

Ce palais, souvenir de l'Exposition de 1878, est du style oriental. Il se compose de bâtiments en hémicycle, s'appuyant sur une rotonde immense au milieu. Cette rotonde contient une salle de fêtes où l'on peut asseoir 6000 personnes. Le toit était percé par la pluie, je crains pour l'ameublement. On ne dit pas grand bien de l'acoustique de cette salle, dont la forme est plutôt le cercle que l'ellipse. Pour l'orgue colossal qu'elle contient, je suppose qu'il n'a point de peine à se faire entendre.

Les deux ailes abritent chacune un musée que nous avons visité, avec permission spéciale pour l'un d'eux.

Le premier est un musée comparé de sculptures ; on a moulé toutes les pièces dignes de cet hommage. On trouve là les tombeaux de Charles le Téméraire et de sa fille, la cheminée du Franc de Bruges. Ce qui frappe le plus, ce sont les portails, reproduits en entier, des belles cathédrales de Chartres, d'Amiens, de Beauvais, de Strasbourg, de Bordeaux, je crois, et d'autres œuvres grandioses.

Nous avions vu déjà de ces reproductions au Louvre, à l'école des Beaux-Arts ; ici, c'est un temple qui leur est offert.

Le second musée est le musée ethnographique. A Cluny, on remonte les siècles de la civilisation, on la traverse. Ici on fait un voyage autour du monde. Anvers nous en ouvrait un coin seulement par son Exposition du Congo, très complète, il faut en convenir.

Ici, promenade intéressante et sans fatigue du Pérou au Groenland, de la Patagonie aux îles Maldives, du pays des Hottentots à celui des Samoyèdes, des bords des grands lacs de l'Amérique aux polypiers de l'Océanie.

Les objets sont étiquetés et l'on n'a qu'à lire l'explication de ce qui intrigue.

Nous voilà par l'avenue Kléber à l'Arc de Triomphe de l'Etoile. Le monument ne paraît pas avoir la hauteur qu'il atteint. Ce colosse de pierre n'a été achevé qu'en 1836, quoique commencé trente ans auparavant. Pour rompre la nudité des murs, on a jeté des groupes sur les jambes de cet éléphant, et les personnages y ont une taille gigantesque. *Le Départ de* 1792 de Rude est le plus beau des quatre groupes. Sa Bellone semble bien un peu hurler la Marseillaise, mais est très énergique. *La Résistance contre l'étranger* et *les Bienfaits de la Paix*, par Etex ne sont pas non plus sans mérite.

Nous avons gravi les 261 marches qui nous séparaient de la plateforme. Nous y avons récapitulé Paris, mais quoique l'Arc de Triomphe occupe une hauteur, je trouve sa position trop excentrique, et je voudrais voir Paris du haut de Notre-Dame, de la Colonne Vendôme ou de la Tour St-Jacques. Cette dernière est une belle tour gothique sans flèche comme sans église, qui fait un merveilleux effet à Paris où les monuments sont grecs pour la plupart : *La Bourse, la Madeleine, le Panthéon, le Louvre de Perrault.* La tour St-Jacques nous rappelle nos beffrois à nous, hommes du Nord, ou Notre-Dame d'Anvers ou l'hôtel de ville d'Audenarde.

Descendus de l'Arc de Triomphe de l'Etoile, nous nous dirigeons vers l'Eglise Russe qui nous donne une idée des églises moscovites. L'intérieur rappelle St-Jean à Liège, si de ce dernier on supprime les piliers massifs qui en portent le dôme. Quoique couverte de dorures, cette chapelle est sombre et invite au recueillement. Le sacristain recommande le silence.

Le parc Manceaux est entretenu d'une façon admirable. On ne verra nulle part plus belles pelouses. Aussi, plus heureux que le Métayer de Jupiter, les jardiniers commandent aux éléments : par ces fortes chaleurs, les gazons de ray-grass avaient la pluie en permanence. Les corbeilles et les bosquets nous y retiendraient. Mais ne parlez pas de nous y asseoir, tous les bancs sont pris, occupés par toutes les classes de la société, quoi-

que nous soyons dans un quartier aristocratique,
ainsi qu'on peut en juger par le calme des rues
et la beauté des hôtels particuliers.

Nous avons hâte de revenir à notre quartier
général *(la Bourse)* par le boulevard Malesherbes
et le boulevard Haussmann.

Nous voyons l'immense église St-Augustin,
sans faire un pas pour juger de l'intérieur. Jambes
fourbues, plus de curiosité.

Le soir, nous allons à l'Opéra, entendre l'*Africaine.*

Si La Bruyère vous parlait, il ne manquerait
pas l'occasion de placer cette petite apostrophe :
« *O Paris, et vous, ô belle France, vous avez sué
20 ans pour construire ce palais, accumulé toutes
les richesses marmoréennes du monde, troublé le
repos de tous les artistes, enflammé leur génie,
— et cela pour permettre en notre siècle démocratique à un étranger, à un petit paysan des
bords de la Vesdre ou du Hoyoux, ruisseaux
inconnus, de jouir à son aise de toutes ces merveilles pour moins de cent sous..... »*

La vue de l'Escalier de l'Opéra est une de ces
choses qu'on n'oublie plus, mais que l'on ne peut
s'imaginer non plus avant de les avoir vues. C'est

bien le chef-d'œuvre de Garnier, l'architecte de l'Opéra.

La salle de spectacle est immense, et de l'amphithéâtre où nous sommes placés, on ne perd cependant pas une parole.

Ce qui étonne, c'est l'air d'aisance qu'ont les artistes en chantant ; les chœurs eux-mêmes semblent fredonner leurs airs. Or tout ce qui sent l'effort dans les arts manque l'effet.

L'orchestre est excellent, mais n'est pas supérieur à celui des concerts annuels de notre Conservatoire.

J'avais entendu vanter le chœur des basses de ce théâtre, sans doute le premier du monde. Ce qu'on m'en avait dit n'avait rien d'exagéré.

Dirons-nous un mot de la machinerie, des décors immenses se changeant à vue ? Le vaisseau de Vasco de Gama par exemple devient sur cette scène un Transatlantique. Ma foi, que la vérité historique s'en tire comme elle peut ! Ce vaisseau aux deux tiers jeté sur la scène y produisait un effet superbe. Pour augmenter cet effet, il n'eût rien coûté d'agiter la mer voisine qui offrait des flots verts vraiment trop calmes.

Ainsi l'audition de l'Africaine au grand Opéra est encore une leçon aux braillards. Ce n'est pas là qu'on cultive les finales à effet qui emportent inévitablement les bravos en province.

On regagne ses pénates. On est bien fatigué,

mais la température est plus fraîche, plus supportable et on se propose de garder son entrain pour les deux jours qu'il nous reste à consacrer à Paris, car le Directeur nous assure que nous pouvons compter sur un jour de plus que les prévisions les plus optimistes ne nous en accordaient. (1)

Pour moi, je ne me couche point sans de nombreuses ablutions qui ont la vertu de remettre le corps le plus moulu. Chers amis,

Je vous en prie,
Ne vous moquez donc point de l'hydrothérapie !

Samedi, 4 Septembre.

« Avez-vous vu les Arts et Métiers ? » me disait ma sœur le jeudi, alors que je lui faisais part de la vivacité de mes impressions, de la richesse de nos découvertes. — Je dois dire que je défiais un peu de son admiration naïve. Ne manquait-elle point de terme de comparaison, de *criterium*, comme Daudet, dans le Petit Chose ?

Maintenant je lui fais mes excuses, son admiration n'était point surprise. Il y a là, dans cette collection de modèles de toutes les machines employées dans l'industrie, une richesse, une ins-

---

(1) Depuis 1886 le taux des bourses d'élèves est diminué, — 75 francs au lieu de 125. — En revanche le nombre des bourses a augmenté.

truction immense. Tous les appareils sont dans un état de propreté qu'on ne voit qu'à Paris, et il suffit de les voir pour en comprendre l'utilité, voire même la marche.

Pour résumer l'impression que nous a faite ce musée de machines, je dirai que c'est une exposition universelle en permanence, avec plus d'ordre, ce qui est toujours agréable, mais qui l'est plus encore quand on dispose de peu de temps.

Du Conservatoire des Arts et Métiers, nous montons à Belleville pour visiter le Père La Chaise.

Le calme est grand dans cette vaste nécropole (5o hectares) quoique les monuments, point trop fastueux cependant, mais souvent beaux, soient un objet de curiosité. Un grand nombre de statues, de bustes d'hommes illustres qu'on ne voit que là, rendent la visite du cimetière extrêmement intéressante. Qui ne passera volontiers un quart d'heure à étudier le masque d'Alfred de Musset, de Périer, de Talma, de tant de rois de l'intelligence ?

Oh ! j'y retournerai, mais déjà je ne regrette point ma peine. De ma première visite, j'emporte une délicieuse vision entre autres. C'est une admirable statue en marbre blanc, l'Immortalité, élevée sur la tombe du philosophe Reynauld. Un artiste disait à une statue antique : *Que ne marches-tu ?* Celle-ci s'élève, s'envole. C'est de Chapu.

Que de merveilles semblables rassemblées ici ! Nous les quittons à regret, nous descendons l'avenue de la Roquette, nous passons sur la place et devant la prison du même nom — sinistre renom — et nous arrivons sur la place de la Bastille non moins célèbre, où l'on voit la Colonne de Juillet beaucoup plus élégante que la Colonne Vendôme. Son génie de la Liberté, qui la termine, a une pose hardie.

Par un tramway, nous sommes conduits rue Vivienne — où sont nos cuisines — et après déjeuner, nous retournons au Louvre.

Nous n'avions point vu la sculpture du Moyen-âge et des Temps modernes. La première paraît fort peu représentée, du moins quand on a vu le Trocadéro, mais à partir de la Renaissance, que de chefs-d'œuvre !

Ils sont rangés par siècles et par écoles dans des salles séparées qui portent ordinairement le nom du statuaire le plus célèbre, le mieux représenté. De sorte qu'on n'oublie point le nom de Jean Goujon, Germain Pilon, des 3 Anguier, des Puget, des Coyserox, de la tribu des Coustou, des Chaudet et des Rude.

Voilà les sculpteurs français les plus noblement représentés. Il y a aussi des Michel-Anges, surtout deux statues d'esclaves se faisant pendant, l'un vaincu, l'autre révolté, tous deux enchaînés. Je cherchai en vain le nom de Ruxthiel, notre compatriote, né à Jevigné, commune de Lierneux. Je vois d'après le catalogue que j'ai admiré son œuvre sans connaître l'auteur. C'est une des œuvres les plus ailées de la salle Chaudet, « *Zéphyre et Psyché.* »

Toutes ces œuvres ne font point oublier la grande sculpture grecque qui fut leur initiatrice, mais elles sont si parfaites en elles-mêmes, elles semblent si bien sortir de la nature qu'on excuserait l'ingratitude involontaire.

Nous passons à l'Ecole française de peinture. Que de grandes choses, du moins dans les tout modernes, car je sacrifie volontiers les paysagistes et les Bouchers. Mais David, Gros, Girodet, Gérard, Prudhon sont de grands peintres.

Plus près de nous, Ingres, Delacroix et Delaroche, pour ne citer que les plus connus, sont dignes de leurs prédécesseurs et de leur renommée.

S'il fallait citer et surtout décrire toutes les œuvres qui ont excité notre admiration, il faudrait un volume.

Il y aurait aussi à craindre des méprises, des confusions.

Parfois il vous revient une impression particulièrement nette.

C'est ainsi que je me souviens en ce moment d'un tableau de la Grande Galerie, du Titien ou de Paul Veronèse : *Les Disciples d'Emmaüs.* Le Christ parle, les disciples en oublient de manger, les enfants écoutent absorbés, l'hôtesse avec son enfant sur les bras laissera tout en désordre et le rôti brûler ; un voyageur sceptique, indifférent, venu sur appel sans doute, est troublé lui-même. Oh ! quel beau tableau, et quel bon quart d'heure je passerai en allant le revoir !

De l'école française contemporaine, nous emportons, j'espère, plusieurs souvenirs semblables.

Le salon La Caze nous ménageait une agréable surprise. Ce ne sont plus là les musées parisiens aux grandes toiles, rangées par école. C'est un aimable pêle-mêle comme nos musées de Belgique. La peinture de genre, mal représentée à Paris, a ici une large place, et cela a son mérite. C'est comme l'infiniment petit qui remet de l'infiniment grand, le brin d'herbe et la mite qui peuvent occuper l'esprit et le délasser après les calculs de l'astronomie.

Nous admirons là des Rembrandts, des Van Ostades et surtout quatre Brauwers inimitables.

Je ne me lasse point des musées de peinture. Nous voyons encore les salles supplémentaires de l'école française, au second étage, à côté du Musée de Marine, qui doit bien intéresser les gens qui n'ont vu ni port ni vaisseau. Il y a là des plans en relief des villes maritimes, Brest, Cherbourg, Lorient.... des modèles et des coupes de vaisseaux de toutes sortes, depuis les cuirassés de nos jours jusqu'aux galères anciennes. La salle la plus intéressante est bien la galerie des pirogues ; sur ces petits vaisseaux les peuples barbares osent braver la mer ! quelle audace !

Le plan en relief de l'Isthme de Suez et de son canal est aussi là.

En attendant le dîner, nous nous promenons aux Champs-Elysées, à proximité du palais de l'Industrie, vaste halle léguée par l'Exposition universelle de 1855. Nous jouissons de beaux ombrages, que ceux de Sceaux et de Versailles nous feront oublier demain, mais nous nous émerveillons que ces arbres soient si beaux, quand ceux des Boulevards et du Palais Royal sont si tristes, si anémiques. Comme on me l'a dit, j'ai un faible pour les arbres. Ce sera toujours la plus belle ornementation des places publiques. Nul décor ne vaut la nature. Je crois qu'on arrose trop à Paris le pied de certains arbres. Laver le feuillage vaudrait mieux. Je vois sur ma fenêtre l'effet d'un arrosage trop abondant ; les plantes s'étiolent et meurent

Comme, à cause de la pluie, nous avions dû faire le sacrifice du Bois de Boulogne, nous sommes allés le soir à l'Hippodrome. C'est un vaste cirque dont je voudrais connaître les dimensions. L'arène est immense et permet de représenter au naturel les scènes de chasse les plus mouvementées. Nous avons assisté à une chasse à courre comme nos élèves n'en verront peut-être jamais, car il n'y a, je pense, qu'une meute en Belgique, à Vielsalm. La meute de l'Hippodrome est trop civilisée, et la curée pour elle est une maigre fête. « *Ils ont le goût dédaigneux, comme le rat du bon Horace.* »

Dimanche, 5 Septembre.

La dernière journée fut consacrée à Versailles, son palais, son musée, ses jardins, ses souvenirs. De la gare St-Lazare, nous y fûmes transportés en une heure. Le trajet fait en impériale permet de jeter un coup d'œil sur la contrée. Elle en vaut la peine. Nous voyons le Bois de Boulogne, ses allées et ses eaux ; Sceaux et ses ombrages séculaires, et mille endroits charmants, chers à juste titre aux Parisiens. Peu de maisons de campagne cependant, à moins qu'elles ne soient cachées sous le feuillage.

Ville paisible que Versailles, on ne s'y croirait pas à 4 lieues de Paris ; c'était dimanche pourtant, mais non le dimanche des grandes eaux qu'on avait avancé pour donner plus d'attraits à la kermesse annuelle, qui avait eu lieu le dimanche précédent.

Je vis le peuple de ce modeste chef-lieu de département à la messe que j'avais manquée à Paris et que j'entendis en l'Eglise de Notre-Dame. Cette église, bâtie par Mansart, est spacieuse, propre et bien décorée.

En face se trouve la place Hoche avec une statue de ce héros républicain, resté fort populaire, sans doute parce qu'il est mort à 29 ans.

Le palais du Grand Roi ne me fit pas une grande impression. Pour être à Paris depuis huit jours seulement, on fait comme le papillon qui dédaigne la feuille dont il fut nourri chenille, on méprise la brique, et les panneaux de l'édifice sont en briques. Puis la cour dite d'honneur est si mal pavée, les moëllons si grossiers qu'on se croit plutôt à la cour de Charlemagne ou de Clovis que dans celle de Louis XIV.

Les jardins nous dédommagèrent amplement de notre petite désillusion. C'est une chose féerique, sans tromperie, grande et majestueuse, — et pendant plusieurs jours je datais tout dans mon esprit de mon passage en ces nobles lieux.

Le palais, vu de ces mêmes jardins, gagne aussi, et quelles surprises ne nous ménageait pas l'intérieur, ce musée unique dans le monde : une histoire complète de France par des tableaux des plus grands maîtres ; il n'y a pas moins de vingt ou trente salles contiguës en y comptant les salles consacrées aux croisades que nous ne vîmes point ; un musée de sculpture d'une richesse inouïe ; une chapelle digne du Grand Roi maintenant encore que les arts ont peut-être doublé leur puissance ; cette galerie des Glaces de 73 mètres de long sur 13 de haut. Dix-sept grandes fenêtres donnent sur les jardins ; elles ont 17 grandes glaces pour pendants en face d'elles ; le tout est décoré par Lebrun. Voici enfin la galerie des Batailles qui a 120 mètres de long, 13 de large, divisée en deux parties par des colonnes de marbre rouge, et qui contient 33 grands et magnifiques tableaux d'égale dimension. Des tableaux, que puis-je dire de plus fort, sinon qu'ils vous raccommoderaient presque avec la guerre ?

Le temps et le courage nous ont manqué pour

visiter toute la galerie de l'Empire, semblable à
l'Histoire de France. Pourtant nous ne passe-
rons pas sous silence deux tableaux par David
dans la Salle du Sacre : *Le sacre de Napoléon
et le couronnement de l'Impératrice,* et *la distribution des aigles au champ de Mars* qui m'ont
ébloui. On dit le dernier un peu théâtral. Je
crois que cette qualité ou ce défaut était nécessaire pour attirer notre attention, après toutes les
merveilles que nous avions vues.

Nous ne quittons pas Versailles sans aller
visiter la salle du Jeu de Paume. Nos élèves
sont étonnés de voir que les plus grands hon-
neurs sont décernés non à Mirabeau, mais à
Bailly, dont une belle statue orne la petite salle.

Sous la grande impression que ne peut manquer de laisser Versailles, nous regagnons Paris,
presque silencieux. Quelques heures plus tard,
nous roulions vers la Belgique.

Belle nuit, beau ciel, mais j'avais beau vouloir m'absorber dans leur contemplation, l'image
de ma femme et de mes petits enfants, que
j'allais revoir, se glissait toujours à la portière
entre moi et les étoiles. O cœur de l'homme,
tu es ainsi fait, et bien fait !

J'ai tout dit, sauf notre séparation qui se fit sans bruit aux Guillemins, à 7 h. 40 du matin, lundi 6 septembre. J'avais remercié le Directeur au nom des élèves à Versailles.

Maintenant que j'ai raconté notre voyage à Paris, je demanderai avec confiance à qui aura eu la patience de le lire : « Avons-nous bien employé le temps dans cette capitale ? »

« Ce voyage peut-il rivaliser d'intérêt avec le tour de Belgique habituel ? »

Oui, et il a sur celui-ci deux avantages précieux. On voit plus de belles et grandes choses ; aucun élève ne les a vues à l'avance ; et il les aurait vues, qu'il peut les revoir avec profit.

Le patriotisme seul pourrait réclamer. « Connaître son pays pour l'aimer. »

Nos jeunes gens n'en viendront-ils pas à mépriser Liège et la Belgique ? Pour avoir vu Paris, ne voudront-ils pas se faire Français.

Je ne crains pas cette impression.

D'abord Paris est moins chauvin que la France. (*On pourrait me répondre que la séduction n'en est que plus grande*). Puis ce que nous voyons de Paris est quelque chose de cosmopolite, d'artistique, de grec ou de romain, dirai-je bien, d'humain en un mot, et nous ne prenons rien des journaux, des clubs, des idées de la France.

4ᵉᵐᵉ Excursion. — Paris.

1887.

A un an de distance, j'ai revu Paris dans les mêmes conditions que la première fois. Notre directeur, jugeant que pour guider en son absence l'excursion scolaire dans la grande ville, il avait besoin de former un suppléant, m'avait désigné cette fois encore pour ce rôle.

Mais l'homme propose et Dieu dispose, et malgré ma bonne volonté, je faillis bien ne pas accompagner la joyeuse caravane Une cholérine voulut me clouer au logis. Quoique vaincue à temps, et malgré l'assurance du médecin, ce n'était pas sans quelque appréhension que j'entreprenais ce long voyage. Mais Hippocrate avait raison. Jamais je ne me suis mieux porté. Ayant eu la curiosité de comparer mon poids à celui de l'année dernière, je me suis trouvé deux kilogrammes de plus.

Le groupe des jeunes excursionnistes, amenés

cette fois par beaucoup de parents, se trouvait réuni aux Guillemins avant 9 heures et nous partîmes à l'heure fixée, 9 h. 13 m.

Le trajet se fit joyeusement, presque trop joyeusement ; je modérais un peu l'entrain, mais je n'étais pas fâché de leur voir « *jeter leurs gourmes* » dans ce premier jour.

La température favorisait notre excursion, ses débuts surtout ; il avait plu la nuit précédente. De petites pluies, des *ondinettes* venaient encore de temps en temps rafraîchir le paysage. Le temps se passa à la portière, le cœur égayé, l'esprit occupé par le spectacle de la belle nature, de l'active industrie, des majestueux horizons. — Le souvenir de l'écrasante chaleur de l'année précédente, augmentait encore, je crois, le bien-être.

La différence de densité de la population entre la Belgique et la France, parut sensible à tous. Tandis qu'en Belgique les villages se touchent presque, que des maisons parsèment les espaces vides dans les campagnes, que des industries diverses se disputent le sol, — la route de France ne nous montrait que des bourgs de loin en loin, des forêts nombreuses, une industrie rare.

Quant au pittoresque, notre pays n'a rien non plus à envier à nos voisins : l'impression de beauté que laissent les vallées de la Sambre et de la Meuse jusqu'à Flémalle, me saisit plus fortement encore à mon retour le 14 septembre. Il est juste de dire que je les revoyais comme l'exilé, et par un beau lever de soleil.

Les deux heures d'arrêt que nous eûmes à Charleroi, à l'aller, et qui coupent si heureusement la fatigue du voyage, furent mises à profit pour manger. Il y aurait moyen de diminuer la somme des provisions assez encombrante en faisant préparer à l'avance un dîner à Charleroi. Ce serait tout avantage pour la santé. M. Vermeire, mon collègue, et moi, nous en avons fait l'expérience.

A Paris, Monsieur le Directeur nous attendait avec un excellent dîner préparé au sortir de la gare. On y fit honneur, moins L... qui avait trop crié, dit-il, et qui en avait gagné un accès de migraine.

Nous fûmes tous logés dans le même hôtel, rue Bergère, au centre de la ville. C'était là encore une amélioration. Plus de facilité pour la surveillance, le lever, le rassemblement. Un bureau de tabac, où l'on vend des timbres-poste, des cartes-lettres et des cartes postales, était vis-à-vis de notre hôtel ; une borne-poste à deux pas de là. Ces utilités ne sont pas à dédaigner en voyage.

Mardi, 6 Septembre.

Au déjeûner (chocolat ou café au lait) nous retrouvons des connaissances de l'année dernière. Pourquoi cela fait-il plus de plaisir à Paris qu'ailleurs ? Est-ce à cause de l'isolement où l'on se sent dans la grande ville ?

Aujourd'hui, pour nous déraidir les jambes et prendre une idée de la physionomie de la ville, nous allons nous promener aux boulevards intérieurs, Poissonnière, Bonne-Nouvelle, les portes Saint-Denis, Saint-Martin ; nous croisons le boulevard Sébastopol, la rue St-Martin et arrivons enfin sur la place de la République.

On sait qu'il y a là une statue colossale de la République : elle me paraît d'un type vulgaire. Nous nous engageons dans le Boulevard Voltaire pour ne plus tenter de percer nous-mêmes comme l'an dernier l'avenue de la République qui figure sur les plans de Baedeker mais qui n'est que commencée sur le terrain. Nous passons devant l'église St-Ambroise, si jolie, si proprette, si neuve, avec une belle place libre devant elle ; elle est charmante, en grès gris plutôt qu'en pierre jaune de France. Pourquoi sur cette *invite* ne vîmes-nous pas l'intérieur ? C'est que l'on craint toujours de ne pouvoir remplir le programme que l'on s'est imposé. On néglige donc l'imprévu, l'accessoire.

La marche cependant se fait dans de meilleures conditions que l'année dernière. Nous enfilons la rue de la Roquette, toute pleine encore du bruit de l'exécution de Pranzini, et nous voyons le Père Lachaise.

Un guide est nécessaire pour voir le cimetière avec fruit. Nous le prenons et nous n'avons pas à nous en repentir; grâce à lui, nous voyons sans peine, sans recherche, quarante tombes remarquables depuis Abeilard jusqu'à Thiers, dont le monument vient d'être inauguré au milieu de la nécropole ; ici les héros de l'épopée napoléonienne, là les princes de l'art et de la littérature, les savants, les hommes de loi, les politiques graves, les chansonniers légers, les audacieux *(Crocé et Spinelli morts à 8000 m. de hauteur)*.

Nous revenons du père Lachaise à la Bastille. Nous admirons l'élégante colonne de Juillet et son Génie brillant. Nous gagnons la Seine pour voir l'Ile de la Cité et celle de St-Louis reliées aux deux rives par 16 ponts différents en comptant le Pont Neuf pour deux. Nous suivons la rive droite; nous passons près de l'Hôtel de Ville dont nous voyons trois façades ; il a gagné à mes yeux depuis l'année dernière. Faudrait-il à l'architecture flamande la patène du temps ? Nous apercevons la tour Saint Jacques, ce bijou de ciselure, trop peu admiré, qui rappelle nos beffrois et les dépasse plutôt en beauté, et nous sommes au Louvre sans nous en apercevoir. La noblesse de cette construction, la simplicité des ornements du grillage nous le font reconnaître cependant. Nous traversons le Vieux Louvre sans nous y arrêter, car il est temps d'aller dîner. Nos cuisines sont ici près : rue Vivienne, une table d'hôte tenue par un Belge que nous connaissons de l'année dernière. Le Palais Royal à traverser et nous y sommes.

La promenade a aiguisé l'appétit. Il ne baissera plus durant toute l'excursion. C'était plaisir de voir nos jeunes gens et les trois papas faire honneur à tous les mets.

Remis en haleine par les soins de notre restaurateur, nous voyons cet après-midi les musées de sculpture du Louvre, en commençant par les antiquités asiatiques et égyptiennes, les sphinx, les colosses ; continuant par l'architecture grecque avec ses chefs-d'œuvre, les imitations des Romains, les salles de la Renaissance. Procédant ainsi par ordre, il y a plus de chance que l'on profite de la vue. Il ne manquait plus que de voir les chefs-d'œuvre des temps modernes : mais nous ne pûmes entrer que dans la 1re salle.

On fermait le musée. Nous les revîmes le lendemain.

Après une visite aux Tuileries, aux Champs-Elisées et à la place de la Concorde, dans la soirée de ce même jour, nous eûmes la chance d'assister à une représentation cossue de l'Hippodrome de Paris, près du pont de l'Alma.

J'ai dit ce que c'était que cette salle l'année dernière. Cette fois on avait fait glisser le toit sur la charpente en fer de cette immense arène.

Le programme extrêmement varié nous montrait dans tous les genres des jeux du Cirque, le summum de l'art. J'ai conservé ce programme : il valait bien deux ou trois fois celui de l'an dernier. Certains jours de la semaine sont favorisés. Il est bon de consulter un Parisien au courant de ces spécialités.

Le spectacle se terminait par une fantasia ou fête arabe donnée aux Français à l'occasion de la visite du général ou de l'Etat-major. C'était étonnant et féerique.

Mercredi, 7 Septembre.

Cette journée, nous l'avons passée au Louvre.

Après avoir vu les merveilles de Puget, Coysevox, Canova et Rude sans oublier notre Ruxthiel, dans la sculpture, — nous nous dirigeons vers le musée de peinture, où nous procédons à peu près de même que pour la sculpture, partant de l'ancienne école italienne pour arriver à la peinture moderne.

Nous ne raconterons pas une seconde fois nos impressions devant les Rembrandts, les Rubens, les Titiens, les Raphaëls, les Murillos, disséminés çà et là dans toutes les galeries, ou rassemblés au Salon Carré ou au musée La Caze.

Nous dirons seulement un mot des salles de l'Ecole française qui étaient fermées l'année dernière pour cause de réparation ou d'arrangement.

Le talent inimitable de Claude Lorrain, paysagiste sans rival, ferait bien oublier les autres anciens.

Les Poussins, si consciencieux, me plaisent beaucoup aussi : ne serait-ce pas une sympathie de philosophe, de professeur ?

Rigault, plus que Lebrun même, me paraît du grand siècle.

Traversant la décadence, où il est impossible de ne pas reconnaître le talent de Boucher, nous arrivons à la salle dite des Etats, pleine de chefs d'œuvre : Ary Scheffer, Lethière, Ingres, Delacroix, Troyon, Corot se disputent ici notre admiration.

Nous n'avions pu voir tout cela l'an dernier.

Nous revîmes enfin les belles toiles de David, de Girodet, de Prudhon, etc. Ces modernes ne valent-ils pas les anciens ? Ne portons point le respect de l'antique jusqu'à l'injustice, jusqu'au fétichisme.

Les salles *des antiquités* de tous les pays, furent vues d'un pas allègre. Ces poteries ne sont pas sans mérite, mais comment, après le Naufrage de la Méduse ou le Dévouement des Sabines, pourrait-on admirer ces bibelots, ces petites chinoiseries brisées, frustes ?

Le musée de marine avait de quoi nous intéresser davantage. Les modèles des vaisseaux en font bien voir l'économie et deviner le prix. La galerie des pirogues a de plus un intérêt historique. L'Isthme de Suez en relief n'en a pas moins et nous conduit à l'Isthme de Panama plein d'actualité.

Une journée passée au Louvre est une journée de fatigue énorme. Ce soir, nous nous promenons avec plaisir aux boulevards, aux vitrines, aux passages, comme si nous avions besoin de cette diversion pour rentrer dans le monde moderne, dans notre temps.

9

Jeudi, 8 Septembre.

Si hier, mercredi, nous n'avons guère cheminé, changé de place, nous prenons notre revanche aujourd'hui.

D'abord nous sortons à 7 1/4 heures, nous nous dirigeons vers les Halles, si animées à cette heure, et que nous avons bien vues ; la réception a été la même que l'année dernière ; le boniment de ces dames n'a point changé. Rien de grossier cependant dans leurs pointes.

En passant, nous avions risqué un œil dans St-Eustache, quoique ce fût le temps de l'office. Dans presque toutes les églises de Paris, la grande nef est clôturée. Il faut remarquer que ce sont des vaisseaux immenses dont la grande nef est déjà un membre très respectable. On ne trouve pas en revanche ce jubé des églises flamandes qui sépare le chœur de l'église et qui empêche de voir au maître-autel. Ici, à St-Eustache, nous entendons un chant admirable, un orgue harmonieux, même pour cette messe dite à l'heure matinale.

Nous poussons de même une petite reconnaissance dans Notre-Dame dont nous avions déjà vu l'extérieur, mais nous devrons y retourner : il y avait office, puis il y faisait très sombre.

Le Panthéon nous attirait. Pour y arriver,

nous passons devant deux autres églises encore, St-Nicolas du Chardonnet et St-Etienne du Mont. Ailleurs, on les visiterait comme des curiosités insignes, de vénérables monuments. A Paris, pour une course pressée du moins, on les dédaigne.

Le Panthéon *était* une belle église bien éclairée : style grec comme chacun sait, mais mieux aménagée encore que la Madeleine. Il y a là des fresques admirables de Bonnat et de Lévy, un Charlemagne plein de lumière, un St-Louis si noble. L'histoire de Ste-Geneviève égale ces chefs-d'œuvre pour le dessin, mais point pour la couleur. Mais c'est la grandeur du vaisseau, l'élévation du monument qui frappent le plus. Il a fallu 40 ans pour le construire et 17 ans seulement pour en jeter les fondations. Nous sommes descendus dans les souterrains. C'est une visite intéressante pour ceux qui croiraient que ces colosses de pierre peuvent se soutenir sans des fondements proportionnels. Dans une des innombrables voûtes qui soutiennent l'édifice, un bel écho de trois syllabes, clair comme la voix humaine, est interrogé en notre présence ; le son du tambour se change en coup de canon ou de tonnerre. — Dans le souterrain, Victor Hugo attend encore son tombeau définitif.

La rue Soufflot nous conduit tout droit au Palais du Luxembourg.

Je n'en dirai rien de plus que l'année dernière, sinon que le musée qui est consacré aux peintres et aux sculpteurs vivants, me parut plus riche, plus brillant que jamais. Rien n'y est faible à mon gré, tout est supérieur au contraire. Je m'y serais attardé.

Mais le dîner nous attend près de l'Ecole des Beaux-Arts, et après un aperçu du jardin ainsi que du palais du Luxembourg que nous contournons, nous passons devant Saint-Sulpice et St-Germain des Prés, sans trop nous arrêter.

Réconfortés, nous voyons l'Ecole des Beaux-Arts, que j'ai suffisamment louée l'année dernière; nous accordons une heure au musée de Cluny, et nous allons nous reposer sous les ombrages du Jardin des Plantes.

Ce fut une petite désillusion pour nous que la vue de ce jardin, sans les animaux inoffensifs ou autres que l'on ne voit plus à cette heure ; sans les collections que nous ne tentâmes pas de voir pour la même raison et pour une autre encore, la fatigue de la journée.

Vers 6 1/2 heures, nous prenions le bateau qui nous ramenait en quelques minutes au centre de la ville.

Après le dîner (style de Paris), nous *fûmes* au Musée Grévin, qui nous fit passer en une demi-heure par les émotions les plus diverses, le rire, la surprise, l'horreur, l'admiration.

Avec quel luxe toute cette féerie se trouve montée ! Quel scrupule d'exactitude dans les détails ! Quelle filiation dans l'Histoire d'un crime ! Et ces hommes de lettres, ces peintres, princes de l'art, coudoyant les chefs du pouvoir ! galerie en pied, intéressante !

Vendredi, 9 Septembre.

Nous dirigeons nos pas dans le sens tout opposé à celui d'hier.

Nous remontons le faubourg Montmartre, prenons la rue Chateaudun où nous avons l'occasion de voir en passant N. D. de Lorette, grecque et sévère au dehors, peinte et dorée avec plafond découpé à l'intérieur, comme les salles du moyen-âge ; puis l'église de la Trinité, dont l'extérieur imposant fait plus d'impression que le Palais de Justice de Bruxelles ; l'intérieur répond aux promesses de cet extérieur : c'est tout dire ; puis St-Augustin d'une forme toute particulière (s'élargissant du fond vers le transept) et qui me semble heureuse à moi, pour rassembler le chœur, le transept et la grande nef autour de la chaire.

Ces deux églises immenses n'ont demandé que sept et huit ans pour leur construction, c'est presque incroyable.

Par le boulevard Malesherbes, si tranquille, nous arrivons au parc Monceaux plus tranquille encore, si riche de verdure, si frais, mais n'offrant rien de pittoresque comme les Buttes-Chaumont ou le parc de Montsouris qui sont renommés sous ce rapport, mais trop extérieurs pour que nous puissions les visiter,

Pour prendre une idée de toutes les architectures, nous voyons la chapelle Russe, dont les dômes dorés sont une miniature du Kremlin. La chapelle à l'intérieur et son sanctuaire sont aussi couverts de dorures de bon goût.

Enfin nous voilà à l'Arc de Triomphe de l'Etoile. Nous en faisons l'ascension et cela met si bien en goût nos petits excursionnistes que depuis lors ils auraient voulu grimper sur tous les édifices. Aussi la vue est-elle fort belle !

La température douce, calme, dont nous sommes favorisés, permet d'aller, toujours à pied, au Trocadéro.

Nous y voyons la salle des fêtes, et la rotonde, et le jardin, ainsi que le musée de sculpture comparée, mais nous avons le regret de manquer le musée d'ethnographie, si intéressant ; les gardiens du Musée étaient allés déjeûner et l'on ne dérange point l'honnête homme qui dîne.

D'ailleurs la Tour Eiffel nous attirait, passé le pont d'Iéna. Déjà les quatre jambes énormes du colossal éléphant s'élèvent, soutenues par des échafaudages, jusqu'à la hauteur où elles doivent être reliées par un premier balcon. Comme on peut travailler les pièces en forge et ne placer ici que quelques centaines de milliers de boulons, l'ouvrage peut avancer rapidement, et être terminé pour l'époque fixée.

Le Champ de Mars a disparu sous la charpente en fer de la future Exposition.

Le long côté de ce grand rectangle a 1000 mètres de longueur ; 1000 autres mètres nous séparent du puits de Grenelle qui ne nous offre point l'aspect que nous attendions. Nous pensions voir une belle gerbe d'eau s'élevant à 27 mètres du sol. Mais on a utilisé cette force, qui se serait dépensée en pur agrément, et on la fait passer au haut d'une tour ouvragée dans un réservoir d'où on peut la distribuer à tous les étages du quartier de cette ville déshérité d'eau douce.

Après cette longue course, le repas devait être le repos ; on suivit le conseil de J. J. Rousseau, qui, je crois, ne le suivait guère, car je ne le tiens pas pour épicurien.

Les forces récupérées, nous allons par l'avenue de Breteuil au Dôme des Invalides qui contient le Tombeau et les cendres de Napoléon.

Je ne répéterai point ce que j'en ai dit l'année dernière, comme de l'Eglise St-Louis et du ménage des Invalides. Après une visite aux canons de la cour d'honneur, la vue de l'esplanade, nous tâchons d'atteindre Sainte-Clotilde, magnifique église gothique dans le genre de St-Paul de Liège aux deux belles tours en pierre avec flèches ouvragées, des vitraux agréables. Vue à quatre heures du soir, elle faisait la plus douce impression. Mais toutes ces belles choses se font tort l'une à l'autre. Je comprends que les délicats y mettent trois semaines, un mois.

Nos élèves n'en sont pas fatigués cependant et c'est sur leur demande qu'en nous promenant et en flânant sur les boulevards, nous arrivons devant l'église de la Madeleine qui, de tous les monuments de Paris, grecs pour la plupart, ressuscite au plus haut point la majesté des temples antiques. Obligés d'entrer par les petites portes latérales, les colonnes surplombant nos têtes nous semblent plus colossales. L'intérieur nous offre un excellent arrangement du style grec pour servir au culte catholique. Le maître-autel est un groupe de marbre blanc, l'Assomption de Sainte Madeleine ; beaucoup d'autres chapelles dans le pourtour offrent la même décoration, qui plaît dans un édifice tout de pierre. Cette église immense sans piliers véritables frappe l'imagination.

Ce soir nous allons à l'Opéra, mais en deux groupes ; les places sont trop chères et trop difficiles à obtenir. La moitié voit trois actes de

Rigoletto, nous le 4me acte et deux actes d'un ballet. En attendant que la première escouade sortît, nous lûmes la pièce de Verdi, de sorte que nous connaissions le 4e acte avant d'entrer.

Nous entendîmes un beau quatuor, mais aucun chœur. L'orchestre aussi me parut médiocre. Toutes ces impressions contrarient celles que je reçus l'année dernière de l'Africaine de Meyerbeer. C'est que lui manie les masses.

Le ballet se supporte comme intermède, mais quand on veut en faire une pièce spéciale en deux actes et trois tableaux, vraiment la lassitude s'empare du spectateur.

Notre place, premiers rangs du parterre, est trop favorisée ; du haut de l'amphithéâtre, on embrasse mieux toute la scène qui est quelquefois occupée par 80 personnes tournoyant en cadence.

Les élèves emporterent de leur visite à l'Opéra, la vue de la salle trop chargée d'ornements et déjà fort endommagée, la vue du grand escalier et ses richesses inaltérables en marbre, enfin celle du foyer courant sur toute la façade.

Samedi, 10 Septembre.

Après une soirée passée à l'Opéra, on peut se permettre la grasse matinée. Aussi ne sommes-nous guère aux Arts et métiers qu'à 10 heures.

Permission nous est accordée de visiter ce musée industriel, cette espèce d'académie des arts mécaniques dont le palais s'augmentera bientôt d'une nouvelle galerie coûtant plus de 5oo,ooo francs en bâtisses seules, car le terrain est pris sur le jardin du Conservatoire.

La visite des salles les plus importantes dure deux heures, et encore on devine que ce ne peut être qu'une visite superficielle. Puis ces modèles, si parfaits qu'ils soient, ne valent pas la vue d'une fabrique en activité. Je le vis bien en voulant expliquer aux élèves le filage et le tissage mécaniques.

Ayant entendu parler du marché du Temple, nous y poussons une reconnaissance pour en juger *de visu*. On y vend du vieux et du neuf. Les 100 boutiques de neuf sont meublés des mêmes objets peu variés, robes de femme, pantoufles, etc. ; toutes les boutiques, tous les étalages se ressemblent. Le personnel féminin est nombreux, moqueur comme celui des Halles, avec lesquelles le Temple a beaucoup de ressemblance.

Nous comptions voir la place des Vosges, mais nous devons abréger notre promenade, et par des rues assez étroites mais directes, nous arrivons au boulevard Etienne Marcel, puis à la Place des Victoires où se trouve une belle statue équestre de Louis XIV.

Après notre dîner, nous conduisons nos élèves à la Ste Chapelle. J'ai cette fois étudié l'impression que la vue de ce bijou faisait sur les élèves : j'ai cru voir qu'elle n'était pas moindre que la mienne l'année précédente. Les explications des deux guides, fort claires, ouvraient encore leurs yeux et leur intelligence. « Et maintenant, leur dis-je en sortant, vous comprenez pourquoi on ne vous aurait pas laissés quitter Paris sans voir cette merveille. »

Nous vîmes ensuite la Cathédrale à notre aise. Les vitraux du fond du chœur se font admirer encore après ceux de la Ste-Chapelle. Nous nous y attarderions.

Mais le temps nous presse, car nous devons aller voir un panorama, rue du Berry, aux Champs-Elysées.

J'avais déjà vu un spectacle de ce genre, la Prise de Sébastopol, mais quelle différence de talent, d'exécution avec la bataille de Rezonville par Detaille et Neuville.

De quelque côté que l'on se tourne, on ne peut croire que l'on ait une toile devant soi. Partout c'est la réalité dans les champs, les murs, les routes, les fontaines, les maisons, les hommes, les chevaux, chez les morts comme chez les vivants.

Par Virton, je connais ces champs de la Lorraine. Que ce sol, ces maisons sont frappants de vérité ! Peut-être voudrait-on plus d'action, mais les artistes ont surpris la nature et l'armée à un instant de repos, vers l'heure où nous voyons nous-mêmes le panorama. Seules les maisons et l'église en feu nous disent que ce n'est point une simple parade, une guerre pour rire.

Nous sortons tous impressionnés, nous nous asseyons dans le corridor d'attente, et nous ne sommes pas peu surpris d'apprendre que tout le personnel ici est Belge, que la société a son siège à Bruxelles, et que notre interlocuteur, de Ciney en Belgique, a été à Vienne en Autriche, à New-York, à Chicago. On échange les toiles entre les divers pays, pour tâcher d'attirer constamment la foule par la variété.

La toile que nous venions de voir, créée par deux artistes de grand talent, valait tout un musée.

Nous regagnons l'hôtel, rue Vivienne, en passant devant la colonne Vendôme.

A sept heures, la Comédie française nous ouvre ses portes. En attendant la représentation, nous admirons la salle, le nouveau rideau en fer, peinture fraîche qui représente un génie, une muse portant des palmes et des couronnes pour six grands auteurs dramatiques dont les trois premiers bustes font reconnaître Racine, Molière, Corneille.

On jouait le Dépit amoureux de Molière et le Marquis de Villemer par Georges Sand. Il m'a paru que le génie de Molière écrasait les interprètes. Pourtant ce n'était qu'un divertissement pour Molière. Mais pourquoi l'acteur qui jouait le rôle du jaloux ne comprenait-il pas qu'il devait être ou du moins se montrer amoureux ? Cela aurait excusé sa jalousie. Il est vrai que c'est encore une question à élucider si le jaloux est vraiment amoureux. Les rôles de valets et même celui de la dame offensée, étaient bien compris, bien joués.

En revanche les neuf rôles du Marquis de Villemer étaient admirablement tenus. Le physique même des acteurs répondait à ces rôles tout différents. La pièce elle-même ne se soutiendrait peut-être pas à la lecture ; il y a là des invraisemblances, des absurdités, des tours de force, entorses à la logique, des longueurs, mais ces neuf sorciers, s'incarnant dans leurs rôles, faisaient tout passer.

Comme ces conversations de bon ton, marquées de l'esprit le plus fin, pleines d'abandon cependant, dépouillées de l'accent du peuple parisien, doivent avoir agi, influé sur l'esprit des élèves !

Est-ce une illusion encore du professeur ?

Pour moi, je crois que notre visite au temple animé de Molière, est « **le clou** » de notre excursion.

Dimanche, 11 Septembre.

Ce matin j'ai l'occasion d'entendre la messe de 6 heures à N.-D. des Victoires, assez insignifiante comme architecture, mais toute couverte d'ex-voto et l'objet d'un pèlerinage ; et de voir l'église St-Eugène à deux pas de notre hôtel. Ici, pour les colonnes, on a employé la fonte, comme à Lize-Seraing. Mais ici, les colonnes disparaissent sous une peinture ornementée. Deux rangs de vitraux courent le long de l'église qui n'est pas fort élevée, quoiqu'assez vaste ; ce peu de hauteur, ces fins piliers ne nuisent pas aux vitraux. Bref, église originale et d'une belle ordonnance.

A 9 1/2 heures, nous prenons le train à Saint-Lazare pour Versailles.

C'est une idée heureuse de finir l'excursion de Paris par une vue de Versailles. L'an dernier le premier souvenir que me rappelait ma pensée, la plus forte impression de grandeur et de beauté, c'était la vue dont on jouit du terre-plein derrière le château de Louis XIV, les pièces d'eau encadrées de forêts dans tous les sens à une demi-lieue devant soi !

Finir l'excursion de Belgique par la grotte de Han, offre le même avantage.

Il est impossible de voir en un jour tout le musée de Versailles, composé de grandes toiles cependant ; il faut nécessairement faire des sacrifices, des coupures. Nous en avions fait d'involontaires l'année dernière. Nous n'avions pu découvrir ni les *salles des Croisades*, ni les toiles récentes d'Horace Vernet sur l'Algérie. Nous avons eu la joie de réparer cette perte et de revoir beaucoup de tableaux admirables que nous avions vus la première fois.

Il semble que l'on ne puisse plus être étonné après une semaine passée à Paris. Versailles a ce pouvoir cependant.

Je devais voir à 4 heures et ma sœur et mon beau-frère et ma fille. Je comptais passer seulement quelques heures avec eux, mais un simple mot, *demain* pour *aujourd'hui*, glissé par mégarde dans une dépêche télégraphique, m'obligea à rester à Paris deux jours de plus et la troupe joyeuse s'éloigna de moi à 9 h. 10 m. du soir.

J'aime à descendre dans mon cœur et je sentais que pour chacun de ces jeunes gens il y avait là des sentiments de paternité. D'ailleurs leur conduite nous avait surpris et consolés. Je n'en citerai qu'un trait qui peint leurs prévenances. Quoique je ne dusse pas prendre le train avec eux, deux élèves se sont emparés l'un de ma malle, l'autre de mon pardessus pour gagner la Gare du Nord.

Cependant d'un autre côté j'étais heureux de me trouver un peu sous le toit de ma sœur, de manger à sa table, de montrer Paris à ma fille, ce que je fis en trois longues excursions.

La première me permit de voir le fort et la la forêt de Vincennes, — vraie forêt pour l'étendue, mais aux arbres bien jeunes, — le champ de manœuvres et de tir, l'hippodrome (c'était une journée de courses) ; mais nous ne pûmes atteindre l'Exposition des Chemins de fer, quoique marchant d'un bon pas durant trois heures.

Combien l'impôt sur les allumettes et même celui sur le tabac se légitiment en pensant aux désastres qui résulteraient, si tous nos jeunes gens, nos fumeurs de Belgique pouvaient pénétrer en tous temps dans cette propriété nationale!

La seconde promenade fut pour la Ste-Chapelle, N.-Dame, et... la Morgue' !

Ce n'est point aussi effrayant qu'on pourrait le croire. Les édiles y invitent les passants. C'est, je crois, utile dans une ville grande comme Paris.

La troisième sortie fit connaître à ma fille St Germain l'Auxerrois, le Louvre avec son musée de peinture, — deux ou trois salles importantes ; — le Jardin des Tuileries, la place de la Concorde avec son obélisque, ses fontaines ; la Madeleine, Ste-Clotilde, St-Germain des Prés, le Palais Royal, puis St-Gervais. Les deux dernières églises, très vieilles, ont des fresques magnifiques.

Ces courses nous permirent d'etudier un peu le système d'omnibus et de tramways qui fonctionne à Paris, et qui pourrait offrir dans l'occurrence certains avantages.

Le mercredi matin, nous rejoignons nos pénates. La fatigue prit alors le dessus. Jusque là, l'enthousiasme que provoque la vue des belles choses, nous avait soutenus.

Je reviens à un scrupule que j'ai déja signalé l'année dernière.

Cette excursion dans la grande ville de Paris ne peut-elle point diminuer le patriotisme chez nos élèves ? Je ne le crois pas, et les quelques occasions où nous avons vu percer le chauvinisme français, ne sont pas pour me faire craindre une infiltration. Encore une fois, je suis rassuré sous ce rapport.

Liége, Sept. 87.

TABLE DES MATIÈRES.

PREMIÈRE EXCURSION EN BELGIQUE.

DEUXIÈME EXCURSION EN BELGIQUE.

TROISIÈME EXCURSION. — PARIS.

QUATRIÈME EXCURSION. — PARIS.